西迁精神

—·大学生版·—

主　　编　成　进　李　重
本册主编　周　远　顾　蓉

西安交通大学出版社
XI'AN JIAOTONG UNIVERSITY PRESS

本书编委会

主　任：成　进
副主任：李　重
委　员：苏玉波　吕　青　常　涛　訾艳阳　雷　玲　周　远

图书在版编目（CIP）数据

　　西迁精神：大学生版 / 成进，李重主编. -- 西安：
西安交通大学出版社，2021.9
　　ISBN 978-7-5693-2289-7

　　Ⅰ．①西…　Ⅱ．①成…　②李…　Ⅲ．①西安
交通大学－校史②高等学校－思想政治教育－中国
Ⅳ．①G649.284.11②G641

　　中国版本图书馆CIP数据核字(2021)第192872号

书　　名	西迁精神（大学生版） XIQIAN JINGSHEN（DAXUESHENG BAN）
主　　编	成　进　李　重
本册主编	周　远　顾　蓉
项目策划	刘夏丽
策划编辑	贺彦峰
责任编辑	柳　晨
责任校对	祝翠华
封面设计	许　歌

出版发行	西安交通大学出版社 （西安市兴庆南路1号　邮政编码 710048）
网　　址	http://www.xjtupress.com
电　　话	（029）82668357　82667874（发行中心） （029）82668315（总编办）
传　　真	（029）82668280
印　　刷	西安五星印刷有限公司

开　　本	787mm×1092mm　1/16　**印张**　9.25　**字数**　120千字
版次印次	2021年9月第1版　2021年9月第1次印刷
书　　号	ISBN 978-7-5693-2289-7
定　　价	36.00元

投稿热线：（029）82668133

前　言

"离去西安的日子越来越近，我们的心情格外激动起来。是的，要到大西北去了，我们怎能不兴奋、不喜悦？我们怎能不歌唱、不欢乐？西北期待着我们，期待着我们这批未来的工业战士。我们已经做好了充分的思想准备和困难作斗争。祖国的需要就是我们的志愿，祖国每一块土地都是我们安家的地方。"这是60多年前，交通大学电制专业56班全体同学致彭康校长的一封信。

2020年4月22日，习近平总书记来到交大西迁博物馆，亲切会见西迁老教授，指出："西迁精神的核心是爱国主义，精髓是听党指挥跟党走，与党和国家、与民族和人民同呼吸、共命运，具有深刻现实意义和历史意义。"

习近平总书记关于西迁精神的重要指示和重要讲话精神，为我们在新时代传承好西迁精神，坚持"四个服务"，落实"四个面向"，为党育人，为国育才，指明了前进方向，提供了根本遵循。青年大学生作为整个社会力量中最积极、最有朝气的群体，要珍惜这个伟大的时代，从西迁精神中汲取奋斗的力量，积极回应时代的召唤，勇担时代的重任。

60多年前交大人以青春热血点燃了"向科学进军，建设大西北"的精神火炬，谱写了波澜壮阔的西迁史诗。一棵在黄浦江畔生

长了整整60年的大树，在这些鲜活的生命护佑下，就这样在大西北深深地扎下根来，同样参天蔽蓊，更加枝繁叶茂。革命人永远是年轻，称自己是"西迁大树上一枚小叶"的陶文铨，1957年高中毕业后报考了交通大学动力工程系锅炉专业，录取后直接到西安报到，在西安交大这片沃土上成长为中国科学院院士、首届国家级教学名师、"党和人民满意的好老师"、"最美科技工作者"。耄耋之年，犹若少年，他笑言自己心态堪比18岁，"我希望能为国家再健康工作20年"。在"西迁人"身上，我们看到了"始终与党和国家的发展同向同行"的坚定信念，看到了"到祖国最需要的地方去"的爱国之志，更看到了"以民族复兴为己任"的使命担当。

青年是国家的希望、民族的未来。每个人的青春都只有一次，稍纵即逝间，却奠定了人一生的底色。青年大学生应该如何描绘自己的底色呢？

要有爱党爱国的情怀。新时代青年要听党话、跟党走，胸怀忧国忧民之心、爱国爱民之情，不断奉献祖国、奉献人民，坚持走向基层、走向一线。以一生的真情投入、一辈子的顽强奋斗来体现爱国主义情怀，实现人生价值。

要有宽广豁达的胸襟。新时代青年要敢于站在前人的肩膀上审视历史和世界，用历史眼光和国际视野塑造理想胸怀、思维格局、思想观念、认识水平。珍惜宝贵的历史机遇和成长契机，学会辩证法和认识论，带着问题思考家国天下。

要有拼搏奋进的毅力。新时代青年要打磨踏实苦干、坚韧坚毅的品格，要静下心、沉住气、坐住冷板凳。以实干家的态度立足本职工作，增长才干、练就本领，始终保持艰苦奋斗的前进姿态，以实际行动创造无愧于时代的人生。

要有追求卓越的习惯。新时代青年要把追求卓越内化为思维习惯、学习方法和工作方式。卓越不是一个标准，而是一种境界。"欲成第一等学问、事业、人才，人必先砥砺一等品行"，要不断修身立德，恪守正道，在追求卓越中明晰人生方向。

　　生逢盛世，肩负重任。今天的中国青年是与新时代共同前进的一代，既拥有广阔的发展空间，也承载着伟大的时代使命。青年大学生要将西迁精神作为坚定信仰、干事创业的思想指引，从西迁人物中找寻学习榜样，在西迁故事中汲取成长养分，坚定青春心向党，在实现"两个一百年"奋斗目标、实现中华民族伟大复兴的征程中，谱写无愧于先辈、时代和人民的壮丽篇章。

编　者

目　录

第一讲

西迁伟业

交通大学1896年以南洋公学之名创建于上海，曾用南洋大学等校名，1921年命名交通大学，为近代中国新学勃兴之嚆矢，杰出科学家和工程师的摇篮。

1955年4月，鉴于交通大学的地位和作用，为改善我国高等教育布局，配合工业建设，促进科学技术和文化发展，中央作出交通大学内迁西安的重大决定。是年5月，彭康校长领导下的交通大学校务委员会，正式公布关于实施迁校的决议，全面部署迁校工作，并迅即踏勘和确定西安新校址，于10月开工建设。师生员工并图书设备等，自1956年6月起相继启程内迁。9月10日，首批迁来西安的交通大学一、二年级全体学生，基础课和技术基础课教师，干部职工共计6000余人，在西安人民大厦举行开学典礼。迁来西安的师生员工踊跃参加建校工作和修建兴庆公园的义务劳动。

1957年6月，在周恩来总理主持下，国务院召开交通大学迁校问题专题会议。7月，交通大学的迁校方案根据国内外形势变化，针对西北、沿海地区的建设需要而有所调整，确定交通大学分设西安、上海两个部分，大部分系科专业迁往西安，新的学科专业建在西安，同时仍留一部分力量在上海原址发展。交通大学的西安、上海两个部分实施统一领导。是年8月起，迁校、建校工作进入新高潮。至次年夏，交通大学1956年在册教师767人中，迁来西安的有537人，而陆续迁西安的各类教职员工(含调爱人员，以及上海市动员支援西迁的后勤服务职工等)共计1400余人；同时，1953、1954、1955级学生，从上海迁来西安的共计2291人，占其总数81.1%。全校图书资料运至西安的，占其总数74%。全迁或部分迁至西安的实验室有25个，同时新建一批实验室和实习工厂，实验室面积较上海原址扩大三倍。交通大学的主要领导力量和学科队伍、基础设施，大部分迁至西安。

为使交通大学迁校后发挥更大作用，1957年秋，高等教育部决定将西安动力学院全部，以及西北工学院、西北农学院的有关系科并入交通大学西安部分。

1959年3月，中央公布第一批共十六所全国重点大学，交通大学的西安、上海两个部分均名列其中。

1959年7月，国务院批准将交通大学的西安、上海两个部分，分设为西安交通大学、上海交通大学，于是年9月正式宣布。原交通大学校长兼党委书记彭康，由中央任命为西安交通大学校长兼党委书记。

交通大学西迁出自党和国家的庄严决定，肩负着广大人民群众的殷切期望。在交通大学的迁校进程中，中央宣传部、高等教育部悉心指导，各有关国家部委、陕西省和西安市、上海市予以大力支持和帮助。陕西省父老乡亲、社会各界热忱欢迎交通大学西迁师生的到来，谆谆勖勉，情热衷肠。迁校、建校工作的顺利进行，迁校后的健康快速发展，得到强有力保证。

交通大学师生员工以国家利益至高无上的信念和情怀，坚决响应党的号召，举校西迁，义无反顾；扎根西部，辛勤耕耘；薪火相传，百折不挠；承前启后，再铸辉煌，表现出开拓奋进的坚强意志，彰示了爱国爱校的大学精神。师生员工以一片赤诚所凝结成的"胸怀大局、无私奉献、弘扬传统、艰苦创业"伟大西迁精神，璀璨夺目，可歌可泣，将世代镌刻在交大人心灵深处，与天地同辉。

第一节　伟大时代的召唤

西迁精神是老一辈"西迁人"轰轰烈烈拓荒西北，艰苦创业、众志成城的奋斗写照。胸怀大局、无私奉献，"西迁人"将自己的热血和青春都播撒在了西部这片土地上。

"党让我们去哪里，我们背上行囊就去哪里。""哪里有事业，哪里有爱，哪里就是家。"这是"西迁人"的豪迈誓言。一代人有一代人的使命，一代人有一代人的担当，对于交大"西迁人"来说，到艰苦地方去，到祖国最需要的地方去，支援西部建设，是那个时代对他们发出的最热烈的召唤，也是他们有关青春最骄傲的回忆。

西迁是建设社会主义工业强国的需要

毛泽东同志在1945年党的七大报告《论联合政府》中指出："没有工业，便没有巩固的国防，便没有人民的福利，便没有国家的富强。"

"一五"计划实施之前我国工业布局的基本状况是70%在沿海，30%在内地，分布严重不平衡。1953年，中央在《为动员一切力量，把我国建设成为一个伟大的国家而斗争——关于党在过渡时期总路线的学习和宣传提纲》中指出，因为我国重工业的基础极为薄弱，经济上不能独立，国防不能巩固，如果现在还不建立重工业，帝国主义一定还要来欺侮我们，所以社会主义工业化的中心必须是发展重工业。从世界范围看，第二次世界大战后新独立的发展中国家都面临一个共同的选择，那就是能否迎头赶上先进国家，这关乎国家和民族的前途命运，速度问题在国家的发展战略中至关重要，新中国当然不能例外。随着抗美援朝战争艰巨性、长期性的日益显现，加快工业化步伐的要求越来越紧迫，综合分析各方面因素，中共中央作出了优先快速发展重工业的战略决策。

在我国的工业化建设中，西安是重要的一环。"一五"计划期间，苏联援建的156项重点建设工程中，布局在陕西24项，其中，西安就有17项；同时安排在西安地区的大中型建设单位和项目多达52个；中央还决定将一批重要的工业项目，包括尖端科技及兵器工业放在西安，这在全国同类城市中是罕见的。陕西工业总产值在"一五"时期也保持着高速发展态势，新中国成立后工业总产值增长率一直保持在14%以上，特别是1952年和1953年甚至达到了30%左右，西安城市面积由1952年的22.66平方公里，迅速向90平方公里扩展。从全国各地调来的基建大军达10万之众。建在西安的企业很多都是当时国内一流的，如黄河机器制造厂是我国第一个雷达工厂，电力电容器厂是我国最大规模的综合电力电容器厂，远东公司是我国第一个航空发动机附件厂，东风仪表厂是我国鱼雷研制生产的主要基地，光学仪器厂是我国光电行业骨干企业，高压开关厂是我国高压开关制造的龙头企业，等等。国家对西安寄予的期望很高，然而缺乏高等专业人才，缺乏科技支撑，是西北发展的"卡脖子"问题。

为了满足大规模工业化建设中的人才需要，中央一方面学习苏联建立了大批高等工业院校，另一方面对部分重点工业大学委以重任，大规模培养高级专门人才。作为中国创办最早、工业学科体系设置最完整的工业大学，交通大学使命艰巨。20世纪50年代初，高等教育部曾指示交大要办万人规模大学，但上海的办学空间及国防形势严重限制了交大的发展，加之西部是国防工业建设重点地区，中央决定交大西迁。1955年高等教育部部长杨秀峰动员交大迁校时曾指出，交大到西安，就是要担负起在上海不能实现的任务，不仅解决西安的需要，也要把兰州、洛阳的教育和科技带起来。党中央基于战备和均衡发展要求，将陇海铁路线的洛阳、兰州、西安等工业城市视为新中国建设的后方战略地带，为此国家为交大迁校基建投资1900万元，校园按1.2万人规模建设，是当时国内规模最大的工业院校。在火热的建设年代，西部为知识分子施展才华提供了更为广阔的天地。

西迁是实现高等教育均衡布局的需要

与当时的工业布局类似，近代中国的高等教育也存在着区域结构布局不均衡的问题。中国高等教育历经半个多世纪的发展，至新中国成立之际高校主要集中在北京、上海及其他沿海城市，内地特别是西部地区高教力量十分薄弱。据统计，新中国成立之初全国有高等学校205所，其中华东区73所（主要集中在上海），华北区29所（主要集中在京、津），而西北区只有9所（主要集中在西安）。在陕西分布的高校有西安市的西北大学、西安医学院（后来并入西安交通大学）、西安师范专科学校（今陕西师范大学），咸阳市的西北工学院，杨凌地区的西北农学院。新中国成立后，陕西省虽已有新布局，但在建高校仅有冶金学院等个别高校。西望兰州，东望洛阳，西北高校寥寥无几。

1955年3月，中共中央通过了第一个五年计划（草案），其中指出，高等工业学校的建设必须与工业基地的发展相结合。为加快工业建设和经济社会发展步伐，我国迫切需要发展高等教育，并对旧中国遗留下来的高等学校区域结构布局不均衡状态进行大幅度的调整和制度改革。

1949年底到1951年间，京、津、沪等地的高校进行了局部调整；1952年开始，有计划大规模的院系调整正式启动。经过1952年和1953年高校院系调整后，全国高等学校的总数量调整为182所，西北地区由8所增加到12所，但数量排名仍处于各大区的最末位。因这一时期院系调整的重点是发展专门学院，首先是工业学院，并整顿与加强综合大学，故而高等学校结构布局不均衡情况虽有所改观，但高等学校过于集中在少数大城市，尤其是集中在沿海城市的状况并未根本改变。为继续解决高等学校结构布局不均衡的问题，高教部决定，1955年至1957年全国高校继续进行院系调整，并将沿海地区的一些高等学校的同类专业、系迁至内地组建新校，或加强内地原有学校，或将一些学校全部或部分迁往内地建校，增设新专业，扩大内地高校规模。为服务西北重点工程建设需求，同时改变西北地区高等工业学校专业设置不完备、实力相对薄弱，以及重点工业大学空白的问题，1955年至1957年，中央在全国调剂力量，补足了西北的航空、土建、动力、军工等高等工业培育体系，同时还以交通大学的西迁弥补了西北缺乏多科性重点工业大学的现状，改变了整个西部高等教育的原有格局。

西迁是顺应国防形势发展的需要

1953年7月，抗美援朝战争结束后，美国并未放弃染指台湾的企图，不断发出威胁，台湾海峡一再出现紧张局势，东南沿海一度被视为有可能随时爆发战事的前线地带。由于沿海地区政治关系紧张，为了保全东南沿海的高校和工厂，中央基于国防安全的考虑决定部分高校和工厂迁往内地。

在上述背景下，1955年7月召开的第一届全国人大第二次会议指出："无论从社会主义建设的长远目标着眼，或者从国防观点着眼，高等学校的分布都不能过于集中。学校的发展规模一般不宜过大，高等工业学校应该逐步和工业基地结合起来。"根据这一精神，高教部提出了《1955年—1957年高等工业学校院系、专业调整、新建学校及迁校方案（草案）》。方案提出，1955年至1957年间，高等工业院校要新建五所、迁建两所、改建一所。其中，西安地区新建西安建筑工程学院、西安动力学院和西安航空学院，交通大学从上海迁至西安。据此，1955年，国务院决定交通大学迁往西安。同年，由东北工学院、青岛工学院、苏南工业专科学校、西北工学院等院校的土木建筑类专业组建成立了西安建筑工程学院。1956年交通大学机械制造等4个系和基础部迁到西安，并开始招生。1956年，华东航空学院由南京迁到西安，更名为西安航空学院（1957年与西北工学院合并组建西北工业大学）。1956年由苏南工业专科学校、青岛工学院、西北工学院的部分专业，组建成西安动力学院（1957年并入交通大学西安部分）。与此同时，还有一批军队院校迁往西安，如1954年中国人民解放军第五军医大学从南京迁到西安与第四军医大学合并（即空军军医大学前身），1958年中国人民解放军通信兵学院从张家口迁往西安建校（即西安电子科技大学前身）等。一些高校的迁入，特别是交通大学的西迁，进一步增强了西安地区高校的实力，在学科门类和专业上形成了工科的优势，使西安地区的工科类高等教育力量显著增强，并为西北工业基地建设提供了重要的人才和技术支持。

第二节　高瞻远瞩的决策

　　1955年，彼时的新中国才成立几年，各行各业都急需有知识的专业人才。伫立于上海的交通大学，自然承担起了培养人才，教育兴国的重任。

　　交大师生对于祖国的建设热情毋庸置疑，都满怀期盼，希望投身于建设祖国的事业中。然而，对于交大究竟是否需要向西部迁移，大家心中或多或少都有疑问。谁也不敢保证交大这棵"大树"迁过去之后是否会水土不服，是否能茁壮成长。关键时刻，党的领导对于交大的西迁发挥了至关重要的作用。

　　1955年3月30日，高教部党组呈报国务院《关于沿海城市高等学校1955年基本建设任务处理方案的报告》，明确提出"将交通大学机械、电机等专业迁至西北设交通大学分校（具体地点和陕西省委商定）。准备在两三年内全部迁出"。次日，国务院二办主任林枫将此份报告加急报送给陈毅副总理，并写道："这个方案，二办已经讨论过，认为可以同意。其中有些具体问题，例如交通大学的新校址是否应设在西安等，尚须进一步研究，以后当专案报告。"4月2日，陈毅副总理批示："送陈云副总理核示。"4月7日，陈云副总理在批示中写道："我认为可以同意林枫和高等教育部党组的意见。经刘、朱、彭真、小平阅后退国务院总理办公室。"交通大学内迁报告随即在党和国家的最高领导机关内部审阅通过，1955年全国文教会议审议正式通过，后毛泽东主席批示下发全国。

正是出于国家的高度重视，交大迁校的基建盘子是1900万元这样位居全国第一的巨额投资，校园面积按1.2万名学生的规模，确定为1200亩，在新建大学校园中也是空前的。在高教部、陕西省、西安市、上海市的共同努力下，有关迁校的经费保证、土地保证、基建保证、运输保证、生活保证等都在短时间内得到圆满解决。

交通大学迁校是服从国家大局的战略需要，必然也会受到国家形势发展变化的影响。1956年，国际形势趋于缓和，国家工业布局有所调整。在此背景下，上海市委向党中央报送了有关交大迁校的加急报告，一方面肯定"交大仍按原计划西迁"，另一方面建议"由交大负责为上海筹建一所新的电机机械类大学"，认为这一方案"可以充分运用交大条件配合西北工业基地建设，交大也可得良好发展条件，而上海仍得适当兼顾"。

国家建设方针的调整以及上海市委"适当兼顾"的意见，促使国务院和高教部对交大迁校问题进行了一次复议，在综合分析各方面因素的基础上，提出仍按1955年全国文教会议部署，实现交大全迁西安，同时在上海留一个机械电机方面的摊子，"以为南洋公学之续"。此后，交通大学继续按计划完成了首批迁校任务。

在全国整风的背景下，1957年四五月间交通大学掀起了以迁校热潮为中心议题的激烈争论，一时间成为社会舆论的热点、焦点问题。因迁校本身与院系调整、国家建设大局直接相关，而迁校矛盾的解决又是做好知识分子工作、正确处理人民内部矛盾的一块试金石，因此，引起了国务院乃至周恩来总理的重视，决定予以专题研究解决。

周总理日理万机，但从5月20日至6月4日，他却抽出大量时间与各方面深入座谈，详细了解各方面的问题及意见。5月23日至25日，周总理连续三天听取各方面的意见；28日下午听取交大领导汇报后，当日晚上又邀请交大几位教授到中南海面谈，直至次日凌晨2时。经过半个月的座谈调查，周总理全面了解了交大迁校相关方面的意见，决定于6月4日在中南海西花厅召开专题会议讨论迁校方案。会上，周总理作了近万字的长篇报告，说明了交大西迁方案出台、复议的宏观历程背景及具体过程；并指出，交大迁校及随后方案的调整，实系国家经济文化发展战略部署的调整所致。至于交大师生该何去何从，周总理从社会主义均衡发展与合理布局的精神入手，着眼于中华民族的长远发展，提出着眼点是"一切有利于社会主义建设"，提出"求得合理安排，支援西北方针不能变"的总原则和以支持西北发展为核心的指导思想，他说："如果大家可以接受，我不放弃全迁的可能。"

以总理讲话为指引，经过一个月的大讨论，交大师生员工的思想认识得到了统一，决定实施迁校新方案，即采取一个学校两个部分的办法来处理交大迁校问题。凡是适合在西安发展的各系各专业的大部分力量，尤其是所有新建的理科专业、新技术专业迁往西安，同时也照顾到沿海地区的需要而留下一部分力量在上海继续发展，并作为交大西迁后盾。在当时情况下，这是一个实事求是的创造性举措，既符合总理提出的设想，也得到了校内外一致赞同。

《交通大学西迁》一书中这样描述："无论社会上还是交大校内，多年来一直流传着一种说法：交通大学的西迁是周总理亲自指挥的。而以当时事实看，千真万确，身为日理万机的共和国总理，周恩来总理对交大倍加爱护和关怀，曾为交大成功西迁付出了常人难以想象的巨大心血，所做的大量工作甚至超出了我们通常所理解的'亲自指挥'。交大由于西迁而成为总理关心程度最高、注入感情最多的一所大学，他关于解决交大西迁问题的正确主张和具体处理方案，以及他在整个工作过程中所体现出的民主作风、求实态度，交大每名师生员工都深有感受。在当时人们就评价说：交通大学迁校问题的正确解决，堪称尊重知识、尊重人才，充分发挥知识分子作用，正确处理人民内部矛盾的一个典型范例。"这一点，著名校友钱学森先生也给出了很好的印证。作为享誉海内外的大科学家，有着极高威望的知识分子，他给当时的交大校刊写了一封信，表示对交大迁校问题的意见。他说，党和政府高级领导"他们对这问题一定做了深入的分析和全面的研究；此外，他们现在也还正在听取各方面有关人士的意见。所以我相信，他们的决定是明智的，我们应该服从并支持这样的决定。我们不是说党在科学事业的安排布置方面一定能领导吗？既然承认党能领导科学，那我们又有什么理由不接受党的决定呢？"

由此可见，党中央国务院决意将交大从上海搬到西安，不是贸然决断，而是受到了人民群众特别是知识分子的真心支持。这为交大西迁工作的顺利推进以及扎根西部服务社会营造了良好的氛围。

一个高瞻远瞩的决策，一定经得起人民的监督和历史的检验。在决定西迁后不久，交大向西北地区派出了交通大学西北参观团。

1955年4月，党中央、国务院关于交通大学内迁西安的决定向全校师生员工公布后，学校为及时帮助广大师生员工了解西北地区的情况，尤其是了解西安市的情况（如西安的气候、建设、工作、生活条件等），从而消除思想上的各种疑虑和故土难舍之情，以推动迁校工作的顺利进行，1955年12月初，学校决定由各系统、各部门推选代表，组成一个比较大的交大西北参观团，赴西北地区参观访问，进行实地考察。参观团一行33人，由苏庄副校长任团长，赵富鑫教授、校办主任邓旭初任副团长，另有教师代表、学生代表、部门代表和家属代表等30人。

参观团受全校师生员工的委托，于1956年1月18日由上海出发，先后到徐州、洛阳、宝鸡、兰州、西安、郑州等地参观，重点是参观洛阳、宝鸡、兰州和西安四个城市，当然重中之重是交大的新校址所在地——西安市。参观团带着当时全校师生员工普遍关心的问题，向各有关方面进行了访问和了解。这些问题大致是：第一，祖国大西北社会主义建设情况；第二，关于工作条件和生活条件方面的情况，如气候、物资供应情况，供水问题，卫生保健问题，有关托儿所、幼儿园及职工子弟转学、升学问题以及在校内设立服务性机构问题；第三，关于交大新校址的建设进展情况等。

参观团所到之处，均得到当地党政领导和广大人民的热情接待和欢迎，特别是陕西省和西安市，各有关部门的领导都亲自给参观团介绍当时西安地区和西安市各个方面的社会主义建设情况以及将来的长远发展规划，陪同到有关工厂、学校参观，组织座谈，帮助参观团深入居民住区和有关商店、物资供应等部门了解情况、收集资料，还带参观团去看了正在紧张施工中的交大新校址。陕西人民的真诚、朴实、实事求是和热情好客，使参观团深受感动。

半个月左右的参观访问使参观团的同志都受到了很大的教育和鼓舞，纠正了他们原先对西北地区看法上的一些片面性和局限性，特别是对交大迁校的必要性和正确性有了更加深刻的认识，同时也真正地感到交大内迁后责任的重大。在返回上海的旅途中，很多同志都不约而同地表示，回去后一定要将自己的所见所闻如实传达和宣传，还要克服自身困难，力争第一批来西安新校址报到工作。参观团同志对于西迁决定心悦诚服，正是因为他们感受到西北地区人民的真切感情，他们相信，在这片亟待开发的广阔土地上，能够大有作为。

60多年后，回想当年老一辈交大"西迁人"立下的美好愿景，我们不禁感慨，"西迁人"没有说空话，一代一代的西安交大人用奋斗的汗水让交大这棵大树在黄土地上生根发芽、茁壮成长。《光明日报》曾报道："1959年，西安交大设计和制造了中国第一台大型通用计算机；70年代，研制出我国第一台光笔图形显示器；1978年，发明了我国第一台涡流式测振仪；1989年，研制出我国第一台JTR－1型教学机器人；2000年，国内第一个自主知识产权的数字电视扫描制式转换及视频处理芯片在这里诞生……""西迁65年来，西安交大累计培养了28万名毕业生，如今他们广泛分布在各个领域；特别是培养了30多位院士，有近一半在西部工作，奠定了西部工业发展必需的高等教育基础"。一串串数据、一个个史实早已向中国人民、向世界证明，交大西迁的决定经受住了历史的检验。

第三节　永放光芒的精神

历史铸就荣耀，精神永放光芒。65年前，一大批知识分子听党号令，为国担当，从黄浦江畔迁到渭河之滨，竖立起西迁精神的巍峨丰碑。

爱国主义是广大知识分子奋进的精神底色

爱国，是人世间最深沉、最持久的情感。交通大学自诞生起就深深铭记着"为民族而生、为时代而生"的重要使命。1896年，盛宣怀以"自强首在储才，储才必先兴学"的主张，创建交通大学的前身——南洋公学。南洋公学的建立，开启了中国传统教育向现代教育转型的新篇章，也奏响了交大人爱国奋斗的壮歌。南洋公学时期，师生以国家民族兴亡为己任，立志要为社会创一番事业。中国最早的大学校歌——南洋公学师范院院歌《警醒歌》，由当时的教务长张焕伦所写，要求青年在国家民族沉沦时立大志，鼓舞青年刻苦读书，为国家、为民族挑大梁。这种浓烈的家国情怀哺育了蔡锷、顾维钧、张元济、黄炎培等一大批爱国志士。新民主主义革命时期，交大学生在"反饥饿、反内战、反迫害"等颇具影响的全国性学生运动中，始终冲在战斗第一线，斗争锋芒直指国民党政府当局发动内战、迫害民众、纵容美国扶植日本的反动政策，交通大学成为高举爱国主义大旗的"民主堡垒"。

1955年，党中央为适应国防形势和社会主义建设布局的需要，决定交通大学从上海迁往西安。1956年，交大师生义无反顾登上"向科学进军"的西行列车，投身祖国大西北建设，铸就了伟大崇高的西迁精神。以爱国主义为核心的西迁精神具有深刻的历史意义和广泛的社会意义。在社会主义建设蓬勃发展的阶段，交大西迁改变了西部没有规模宏大的多科性工业大学的局面，支持了西部地区经济社会发展，落实了党中央通过教育布局、工业布局的调整，推动西部发展的战略部署。

党中央作出交大西迁的战略决策后，在物资极端困难的条件下，仅仅一年，一所高等学府就在渭河之滨拔地而起。交大70%以上的教师、80%以上的学生，从繁华的黄浦江畔奔赴千里之外的大西北，扎根黄土奋斗，把西安交通大学建成了屹立西部的一流学府。西迁过程中，没有中断任何教学，也没有迟滞一届招生，师生在简陋的校园里迅速开展教学科研，在此期间涌现出一批当代中国知识分子先进典型。在如火如荼的社会主义建设时期，交大人创造了一项又一项科研奇迹，填补了多项全国乃至世界科学技术空白。

西迁历程生动体现了中国知识分子对祖国的赤诚之心、以天下为己任的家国情怀，西迁精神镌刻着中国知识分子爱国奉献、赤诚报国的精神密码。立足新时代的历史方位，站在"两个一百年"奋斗目标的历史交汇点上，继承和发扬西迁精神，广大知识分子要永葆爱国精神底色，始终牢记责任担当，不断磨炼坚强意志，把爱

国之情化为新思路、新举措、新作为，把握历史机遇，增强文化自信，激励奋斗精神，再创卓越功绩。

"听党指挥跟党走"是广大知识分子前行的思想根基

"办好社会主义大学要牢牢抓住两条，一条是党的领导，一条是教师队伍建设。"这是老校长彭康对于建设社会主义大学的深度思考，也是被交大西迁及60余年创业历史经验证实了的一条重要原则。1956年，在党中央作出交大西迁的战略部署后，时任校党委书记、校长彭康带领17位党委委员中的16人率先奔赴西安。他们以饱满的热情协调各方，解决种种困难，最终使得西迁精神在西部的土地上落地生根，传承发扬。西迁人以奉献报国体现了听党指挥跟党走、爱国没有选择项、奋斗永在进行时的政治觉悟和家国情怀，用切实行动履行"为中国人民谋幸福，为中华民族谋复兴"的历史使命。

回顾交大西迁的历程不难发现，中国共产党的领导作为集中力量办大事的政治保证，为交大西迁提供了坚强保障和源源不断的动力支持，发挥着"定海神针"的作用。听党指挥跟党走，毫不动摇地贯彻落实党中央各项决策部署，使得西迁方案得以顺利执行，西迁精神得以淬炼而生，为新中国建设和西部大开发培育了大批英才，为改变西部落后面貌提供了智力支持。

当前，我国面临一系列新机遇新挑战，发展不平衡不充分等突出问题亟待破解。这就要求我们立足新发展阶段，贯彻新发展理念，构建新发展格局，以推动高质量发展为主题，高度认识"听党指挥跟党走"新的时代内涵，践行"四个服务"，坚定信念、强化使命、勇于担当，将弘扬西迁精神落实在具体行动中。

与党和国家、与民族和人民同呼吸、共命运

一个学校要振兴、要发展，就必须在国家和民族历史前进的逻辑中前进、在时代发展的潮流中发展。交大西迁之所以能够成为现实并得以成功，是因为在全体师生员工的内心深处，始终将为祖国的繁荣富强而奉献青春年华作为毕生的价值追求。他们身上所体现的对国家、民族的挚爱之心以及为此奋发图强、努力工作的强烈社会责任感，正是举校西迁的根本动力所在。

交通大学内迁西安，不是短暂的支援，而是永久的扎根，是为了建设和发展去开创新业。这一过程，无论对学校还是对每个人、每个家庭，都不是一件简单的事情。"中国电机之父"、一级教授钟兆琳先生，西迁时已入知天命之年，只身一人扎根西北，奉献三十载，为交大电机教育的创新发展作出不可替代的贡献。著名热工专家、一级教授陈大燮先生时任交大教务长，他积极响应和支持学校西迁办学，全家西迁，又将一生积蓄的大部分捐赠给学校。在"西迁人"的身上，"与党和国家、与民族和人民同呼吸、共命运"不是一句口号，而是实实在在、不求回报的无私付出，闪耀着爱国主义、奉献精神的光芒。他们把个人奋斗与国家需要、社会发展紧密联系在一起，用坚实的肩膀扛起时代赋予的重任，汇聚成国家发展的强大力量。

胸怀大局的爱国情怀

胸怀大局，是坚持国家至上、民族至上、人民至上，"以社会主义建设大局为重"的使命担当精神。这是中华民族优秀传统文化中知识分子"为天地立心、为生民立命、为往圣继绝学、为万事开太平"的天下为公精神的继承与发展。

　　交通大学在创建60年后内迁西安，面向学校发展和国家建设需要再一次庄严出发，铸就了光芒四射的西迁精神，体现了交大师生浓厚的家国情怀和殷殷报国之志，彰显了"西迁人"强烈的大局意识。

　　从繁华的大上海到古城西安，交大"西迁人"积极响应国家号召，挥洒汗水、勇攀高峰，义不容辞支援祖国西部建设，用智慧和力量在古都西安建起一所全国著名大学，绘制出邦国荣华，再次向世人昭示，一所大学所肩负的使命与责任，与国家民族的命运血脉紧密相连。"西迁人"以民族大义为念，以家国天下为重，舍小家顾大家，将个人的命运和国家的发展紧密结合，将为祖国繁荣富强奉献青春年华作为毕生的价值追求，集中体现了"党让我们去哪里，我们背上行囊就去哪里"的坚定信念，"哪里有事业，哪里有爱，哪里就是家"的炽热情怀和"始终与党和国家的发展同向同行"的执着追求。胸怀大局的背后，闪烁着深厚的爱国之情与强烈的报国之志，筑成了西迁人巍峨的精神丰碑，值得我们永远学习与铭记、传承与弘扬。

第一节　为了建设可爱的祖国

爱国主义的"硬核力量",自古以来就流淌在中华民族的血脉之中。无论什么时候,"祖国"二字,永远是亿万中国人的心之所系、情之所归。为了"可爱的中国",多少人在血雨腥风中英勇抗争;为了国家"不受人家欺负",多少人隐姓埋名造出"争气弹";为了在改革开放中"杀出一条血路",多少人披荆斩棘、勇闯险滩……因为爱得深沉,所以拼得顽强,只为中华民族"可以无愧色地立在人类的面前"。

在交大的历史上,也有着这样一群人,他们为了建设可爱的祖国,毅然决然选择西迁,用智慧和力量在古都西安建起一所全国著名大学。让我们通过本节内容学习他们的爱国奋斗故事。

西迁故事

彭康：不负使命　掌舵西迁

1952年9月23日，教育部提名彭康任交通大学校长。11月3日，毛泽东主席签署彭康任交大校长的任命书。1953年1月21日，中共中央华东局组织部批复彭康任交大党委书记。彭康作为交大的党委书记、校长，毅然担起了领导交大迁往西安以及随之而来的学校分设两地和各自独立建校等一系列艰巨的任务。彭康主持西迁工作前后4年多，在艰辛备至的西迁过程中发挥了核心、主导作用，带领交通大学克服重重困难，竖起了一座西迁丰碑。

对于交大迁校这件事关国家工业建设布局和高等教育发展全局的大事，彭康全神贯注，从一开始就抓得很实。祖国需要一所高水平的工科大学到西部去，苏联援建的156个重点项目相当一部分部署在西部，以实施国家第一个五年计划为起点，大西北的开发建设正在如火如荼地进行，人民群众热切期盼交大的到来。这些道理，彭康在师生员工中，在党员干部中一遍遍地讲，把它化为全体交大人的共同意志。

1955年5月初，彭康专程到西安，与朱物华、程孝刚、钟兆琳、周志宏、朱麟五教授，以及总务长任梦林、基建科科长王则茂一起，现场踏勘学校新址，最终选定具有深厚文化底蕴的唐兴庆宫故址为交通大学新校园。校址选定后，校委会立即邀请上海华东建筑工程设计院组成设计

1955年5月，彭康校长率资深教授踏勘交通大学新址

左起：朱物华、朱麟五、任梦林、彭康、周志宏、钟兆琳、王则茂

组到西安进行现场设计。王则茂在《西安迁校什记》一文中描述："这块土地上基本都是麦地，仅有三处苹果园，城丘荒坟，还有一条从西北到东南斜穿的大沟。5月的西安郊野，麦浪临风，一望无涯。"在大西北这片麦浪滚滚的黄土地上，一座发轫于江南却在苍茫三秦大地扎根成长的国家重点大学开启了新纪元。清癯的彭康校长望着这片广袤的黄土地，内心笃定：要在西北扎下根来，愿尽毕生之力办好交通大学。

关于迁校的一些具体问题，彭康无不深入思考，积极协调，想方设法加以解决。西迁教职员工将在西安安家落户，这就牵涉到配偶的工作调动和子女的入学问题。彭康深知，这些问题解决得不好，教职员工将难以安心在西安工作和安家落户。在他的努力下，学校在上海市、陕西省、西安市和有关部门支持和协助下，妥善解决了教职员工家属的工作调动问题，兴办了高质量的附中、附小、幼儿园，还从上海动员迁来成衣、修鞋、理发、煤球制作等生活服务部门，为师生员工和家属生活免除后顾之忧。

1956年7月，首批迁校教职员工踏上西迁征途

1956年7月20日，首批迁校教职员工踏上西迁征途。尽管西迁是一项复杂艰巨的工作，但在彭康的正确领导下，全校师生凝聚集体的力量，以实际行动做到了迁校和教学两不误，而且还扩大了招生规模，开办了许多新的专业、建设了新的实验室、研制了新的研究设备，提高了教学和科研质量。

1955年5月以来的两年间，中央精神在学校得到有力贯彻，尤其是迁校与教学、科研等学校日常工作的关系处理得好，在紧张的迁校过程中，学科专业建设仍有很大进展，教学质量得到切实保证，科学研究也全面开展起来。迁校中的1956年全校有科研题目78项，至1957年超过了100项，并与50多个工厂建立了科研协作关系，为"向科学进军"扎扎实实地开了个好头。

1962年10月24日，彭康校长在西安交大全校学生大会中说："我们热爱社会主义事业，首先要热爱祖国，到祖国最需要的地方去，做祖国最需要的工作。不要强调自己是哪里人，只能习惯哪里的生活，要把我们的视野、我们的国家放在首要地位。"在西安交通大学1965届毕业典礼上彭康满怀深情地对毕业学子说："天下很大，要志在四方，四海为家，工作在哪里，哪里就是我们的家，一切以工作为本，以国家、人民为重。"时隔多年，时任教育部部长蒋南翔在参加西安交大85周年（1981年）校庆时，回忆彭康说："现在当我们漫步西安交大整洁美丽的校园，看到西安交大巍峨的校舍和全校蓬勃发展的景象，就不禁要联想到彭康同志带领全校同志创业的艰巨。"

彭康用他共产主义者的坚定足印，踏出一条一路向西的扎根之路；用他对党和国家的赤诚大爱，铸就了一座勤勉后世的精神丰碑！

张鸿：传承薪火，续写西北高教新篇

数学家张鸿，曾留学日本，与交通大学的结缘始于20世纪40年代抗日战火纷飞的时期。1949年之后，张鸿先后担任交通大学校务委员会委员、华东军政委员会教育部副秘书长等职，负责华东地区教学工作的开展。这一时期的历练，为他日后在交通大学西迁中，乃至为主持西安交通大学的教学工作打下了基础。

在第一批西迁队伍中，张鸿率先垂范，携病妻弱女带头到西安创业，以满腔热情，不分昼夜地投入紧张繁重的建校工作，协助学校党委，耐心细致地做一些中、老年教师的思想工作。无论是从迁校时间紧迫的程度，还是西安与上海的自然物质条件差异来说，举家迁往西安都绝非易事。然而在华东教育局等行政领导机关工作的履历，以及参与过新中国成立之初院系调整的经历，使他能够从宏观上理解中央的决策，深明此次迁校的重大战略意义。他积极响应国家部委和学校党委的号召，以大局为重，毅然放弃上海熟悉的生活环境，带头西迁。他从社会主义建设的战略高度来认识迁校问题，他曾说："西北是祖国强大的工业基地，迫切需要一个专业齐全、力量强大的学校为她服务，因此应该争取交大西迁，来支援祖国的社会主义建设。"在他的带动和感召下，迁校队伍中诸多存在畏难情绪的教师也逐渐打开心结，随同西迁。

1956年7月，在迁校大部队出发前20天，张鸿就已先期抵达西安新校，安排教学任务，为9月份新生开学做好一切准备。他亲自承担数学大课教学；他认真加强教学工作的管理，经常和系主任、教研室主任一起去大班听课，检查教学质量；他建立了严格的制度，抓好教材建设、实验课程、教学实习等环节，积极支持教学改革，发扬了老交大优良的传统。

到达西安之后，张鸿任交通大学西安分部的副教务长。1959年

7月，交通大学上海部分和西安部分分别独立建校后，张鸿开始担任西安交通大学副校长。这一时期他的主要任务是协助彭康校长贯彻落实党的各项方针政策，同时还具体负责抓教学，工作十分繁重。但他兢兢业业，无怨无悔，坚持深入课堂一线，参与并推进各项教学研究，一心扑在工作上。

作为教育管理者，张鸿长期分管教学工作，对教师队伍建设十分重视。所在教研室的每个青年教师试讲，他都要去听，之后认真进行讲评，坦诚提出意见，鼓励他们发扬优点，改进不足。在日常的教学检查中，他坚持下大班听课。为了取得有关教学情况的第一手材料，他要求各系办公室做好每个班级的教学周记，像学生对任课教师的意见、各门课程的进度快慢、负担轻重等，都要记载，教研室领导可及时从中得到有关信息。面对主讲教师严重不足的困难，已经多年忙于行政而离开讲台的他，重新拿起教鞭主讲高等数学，在教学第一线拼搏奋斗，直至生命的最后一刻。虽经迁校，西安交大基础课的教学质量始终维持在较高水平，未有下降，这与张鸿副校长对西安交大良好教学传统的重视密不可分。

张鸿勤奋踏实的工作作风以及无私奉献的精神给广大师生员工留下了深刻的印象，这一点在诸多西迁的教工和学生中有口皆碑。据学生回忆，常常看到下班半小时后，他才拎着饭盒去食堂。张鸿的爱人身体不好，女儿在交大毕业后，学校为了便于照顾，安排他女儿留校工作，他坚决拒绝了，坚持让女儿服从分配去外省工作。他说："爱家首先要爱国，没有国哪有家？青年人应该到艰苦的地方去，到祖国最需要的地方去。"

张鸿教授是一位典型的真正做学问的学者，是一位难能可贵的认真工作的教育家。正是因为老一代西迁知识分子坚定地扎根在黄土地，奋勇拼搏，默默奉献，才感召了一批又一批新一代知识分子纷纷前来西部建功立业，实现梦想。

交大西迁初期的草棚大礼堂

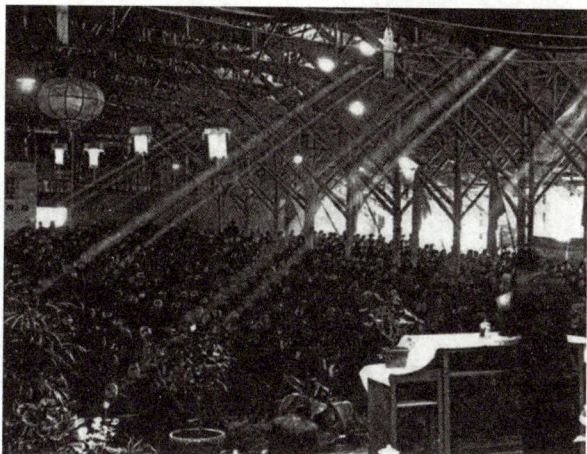

草棚大礼堂

　　草棚大礼堂的外观没有什么特别的，只是一个大大的棚子，棚顶覆盖有茅草，四周用竹竿扎的框架上固定有竹席和茅草。草棚大礼堂现在已经不存在了，只是深刻地留在"西迁人"的记忆中。从目前广泛流传的两张室内照片上看，草棚大礼堂的内部很是令人震撼，棚顶高悬，四周宽敞。礼堂前端有个不大的舞台，平时摆放着一个齐胸高的讲台，彭康校长就常常在这个讲台上为师生们作报告。观众席是一排排能坐七八人的长条凳子，凳子沿着舞台以弧形放射展开。礼堂的地面是用砖、泥、沙混合铺成的，踩得久了，地面变得坑洼不平。礼堂的立柱由多根碗口粗的毛竹捆绑成一根，分列两排高高地支撑起棚顶。棚顶很高，由三四根捆绑在一起的毛竹作为横梁，看上去很是稳当。横梁与立柱之间用弯曲的竹竿支撑，形成悬拱。棚顶是在竹竿编织的格子上覆盖上茅草，四周也是用草帘遮挡，阳光透过棚顶茅草和侧面草帘的缝隙照射进来，不用照明已是十分明亮了。

校园里的教学楼、学生宿舍和教工宿舍都一应俱全，为什么偏偏要搭建一座临时的大草棚呢？

1955年4月国务院决定交通大学内迁西安，规划的在校学生规模是1.2万人。这么大规模的一所大学，自然需要一处集会的场所。当时交通大学的干部多数是南方人，在解决全校性集会场所问题的时候，就想到了用竹竿搭建礼堂的方案。草棚大礼堂于1957年新生开学之前搭建完成，解决了全校性集会的场所问题，学生的开学典礼如期在这里举行。

在草棚大礼堂的后边有一个放映室。当时，周末看电影成为学校师生的重要文化娱乐活动，在此播放的电影也成为许多学生的永久记忆。让人们记忆深刻的不仅仅是电影的内容，还包括为了看电影而早早地在冬天四处透风、夏天暑热未退的草棚里占座等待观看电影的时刻。

草棚大礼堂不仅仅是师生看电影、听报告的地方，还是各种高水平演出的场所，人们讨论最多的有中央乐团来西安的慰问演出，上海各界来西安的慰问演出，以及学校文工团的演出和师生员工自己的歌咏比赛等。

这简陋的草棚大礼堂，成为那个时期学校活动的中心。新生入学的第一次大型活动——开学典礼，成为那个时期学生铭记在心的美好记忆，每每回忆起来都心潮澎湃。这样的开学典礼，自1957年10月5日开始到1964年，伴随着草棚大礼堂持续了整整七年。由于年久失修，草棚大礼堂不得不在1964年底拆除。

草棚大礼堂作为一座建筑虽然消失了，但她却作为一段历史永远留存于人们的记忆里，成为西安交通大学西迁创业的标志。

第二节 为人民服务的使命担当

1953年，我国开始制定并实施国民经济发展第一个五年计划，全国兴起支援大西北的建设热潮，以交通大学为代表的一批高校以及工厂、科研院所等的广大教学科研人员，怀着对党忠诚，听党话、跟党走和对社会主义新中国建设事业的责任担当，义无反顾地奔向大西北，积极投身到祖国最需要的地方建功立业，成为黄土地上的拓荒人、西部大开发的先行者。他们以实现中华民族伟大复兴为己任，肩负起党和人民赋予的历史使命，成为坚决贯彻执行党中央决策部署的重要力量。2017年12月31日，习近平总书记在二〇一八年新年贺词中讲道："2017年，我又收到很多群众来信，其中有西藏隆子县玉麦乡的乡亲们，有内蒙古苏尼特右旗乌兰牧骑的队员们，有西安交大西迁的老教授，也有南开大学新入伍的大学生，他们的故事让我深受感动。"这其中，究竟有哪些令人动容的故事？老一辈"西迁人"有哪些值得我们学习的精神？让我们通过本节内容一起来了解。

钟兆琳：义无反顾带头西迁

"中国电机之父"钟兆琳先生，是交通大学自主培养的优秀人才，曾赴美国康奈尔大学留学，后又回交大母校任教，培养出丁舜年、钱学森、张钟俊、王安、江泽民等人。他的诸多事迹在西安交通大学师生中口口相传，称颂至今。

钟兆琳的父亲曾追随孙中山先生参加过辛亥革命，也和邵力子先生一起到过祖国大西北，是一个见多识广且有现代民主意识的读书人。在父亲的影响下，钟兆琳具有强烈的爱国主义情怀。全面抗战期间，日军行将践踏交大校园，钟先生为抢运出教学实验设备，最后一个撤离交大，险遭不测。太平洋战争爆发后，他为了抗议汪伪政府接管学校，愤然退职，坚守民族气节，过着清贫艰苦的生活，直到抗战胜利，才重新回交通大学任教。

钟兆琳教授（右二）与青年教师座谈

中央决定交大迁校之时，钟兆琳已进知命之年。周恩来总理曾提出，钟先生年龄较大，身体不好，夫人又卧病在床，可以留在上海。但他婉拒周总理的好意，坚决要求献身于开发共和国西部的事业，并带头西迁。他一再表示："上海经过许多年发展，西安无法和上海相比，正因为这样，我们要到西安办校扎根，献身于开发共和国的西部。""共和国的西部像当年美国的西部一样需要开发。如果从交大本身讲，从个人生活条件讲，或许留在上海有某种好处。但从国家考虑，应当迁到西安，当初校务委员会开会表决时，我是举手赞成了的，决不能失信于人，失信于西北人民。"

他踊跃报名西迁，把瘫痪在床的夫人安顿在上海，由小女侍奉，自己只身一人来到了西安。他的表率作用，鼓舞、激励着电机系及交大的许多师生，为交大的顺利西迁作出了重要贡献。

那时的西安，条件简陋，下雨天道路泥泞不堪，生活极为不便，年近花甲又患多种慢性病的钟先生，孤身一人，生活非常艰辛。但是，作为电机系主任的他，总是第一个到教室上课，事必躬亲，勤勤恳恳，脚踏实地，克服困难。他还经常给青年人做思想工作，激励大家奋发图强。在钟先生的努力下，西安交通大学电机系成为国内第一个基础雄厚、条件较好、规模较大、设备较完善的电机系。

1962年，钟兆琳先生在校刊上发表的《知识分子应怎样发挥作用》一文中这样写道："我是1957年拥护迁校，并随学校一起来西安的。几年来，我从未想过要回上海，但却向领导提出到新疆、青海、甘肃等省（区）作短期演讲的要求，这是祖国西北建设的光明前途对我的吸引、推动。《我们要与时间赛跑》的歌曲中有两句话，'把文化普及全国，把光明照到边疆'。我想我们知识分子，应有这种宏大的志愿。"

钟兆琳先生不仅自己践行着建设祖国的宏图大志，而且也经常教育子女及后辈："国家兴亡，匹夫有责，以事业为重，当志在四方。"在耄耋之年他依然满怀对祖国的热爱和依恋，勉励海外亲属和校友为祖国建设作贡献，并将自己的期望录音，托人带给海外校友。1982年夏天，美洲校友子女到西安交大学习汉语时，他亲自接待，为他们讲解"饮水思源"的深远意义。

1985年，钟先生罹患癌症到上海医治，1990年4月4日在上海华东医院逝世。他的遗言这样写道："本人自从1923年投身教育已有60余年，一生为中华民族的教育、科技与人才培养，以及国家的工业化而努力。我愿将我工资积蓄的主要部分贡献出来，建立教育基金会，奖励后学，促进我国的教育事业，以遂我毕生所愿……祝祖国繁荣昌盛。"

在他逝世后，其子女遵嘱，将他积蓄的2万元工资捐予学校，西安交通大学以此设立了"钟兆琳奖学金"。为了纪念"电机之父"并教育后世学子，西安交通大学将老先生辛勤耕耘一生的电机制造实验室更名为"钟兆琳电机工程实验室"，并在实验室旁边的小花园竖立钟兆琳先生的雕像，以钟先生的号命名为"琅书园"。

拓展阅读

迁校师生汇古城

　　1956年5月下旬，交通大学一批先遣的职工和家属迁往西安；7月20日，张鸿副教务长等第一批教职工和家属迁往西安；8月10日，在苏庄副校长的率领下，师生员工和家属上千人，乘专列由上海徐家汇车站出发，浩浩荡荡地开往西安。8月15日，经西安市委批准，中共交通大学西安分委员会正式成立，苏庄副校长兼任分党委书记，统一领导西安部分的工作。9月初，一年级的2133名新生直接到西安新校址报到。经高教部批准，1956年起在西安举办夜大，首届招收三个专业新生共170人，还增招了越南留学生，都按期在新校址开学。交通大学珍藏的档案，也首先迁到了西安。

1956年9月10日，交通大学在西安人民大厦举行开学典礼

　　9月10日在西安人民大厦礼堂举行了隆重的开学典礼。省、市和兄弟院校的负责同志以及专程从上海来的几位系主任等参加了大会。这时，交通大学在西安共有学生3906人，教职工815人(其中教师243人)，家属1200余人，一所6000人的交通大学在古城西安新址出现了。

　　首批迁到西安的师生员工情绪热烈，干劲十足。当时基建工作正在紧张进行，不少大楼还未竣工。刚到西安时，行政人员暂在一村第一宿舍办公，教师在家里备课。校内道路还未铺设，教学区与学生区隔着一条深沟还未填平，同学们往返要走临时用木板、竹排搭起的小桥。工作、学习和生活条件都比较艰苦，但大家精神振奋，不以为苦。不少老教授自愿放弃上海优越的生活条件，携儿带女或只身来到西安。当时学校附近副食品供应点很少，不少教工家属不得不到食堂吃饭，生活习惯上存在很多困难。

迁校之初的校园

其实，早在1955年5月，就有先遣人员陆续来到西安，随后成立交通大学西安办事处。一年来他们做了大量的工作，为大队人马的到达作好各方面的准备。1956年迁校时，只有2名司机、1名学徒，2辆汽车、1辆铲车。他们昼夜运输，一人争干几人活，完成了数千吨物资的接运任务。西安市人民政府为做好迁来和新建高校师生的生活供应工作，成立了专门机构，采取很多措施，帮助解决各种问题，对交大更是特别照顾，凡是能够办到的都尽力办到。学校领导也很重视师生员工的生活安排，在上海、西安两地政府的支持下，从上海动员迁来了成衣部、修鞋部、理发部、洗染部和煤球厂等。幼儿园和小学的建设与迁校工作同步进行。教工食堂改进服务办法，对一些年老教师、干部，做到送菜送饭上门。学校还在节假日安排校车接送教工进城购物。所有这些，都为师生员工和家属解决了生活上的后顾之忧。

第三节　义不容辞支援建设

一切从有利于社会主义建设全局出发，支援西部建设，是中央综合分析全国各地经济发展水平和国防需要作出的重大决策部署。以交通大学西迁的教职员工为代表的广大西迁群体胸怀大局，服从国家需要，听从祖国召唤，支援西部建设，在艰苦的工作环境中克服种种困难，促进了地方的经济和文教事业发展，增强了区域经济、社会发展的活力和动力。正是这种以建设大局为重，充分发挥社会主义制度优越性，集中力量办大事的思维和实践，将交通大学西迁使命融入国家建设的历史洪流和全局发展中，生动诠释了西迁精神中"胸怀大局"的深刻内涵。

西迁故事

顾崇衔：国家需要　义不容辞

　　顾崇衔1945年赴美国留学和实习。1953年起在交通大学任教授，从此与交大缘结终生。他是我国机械制造学科的主要创立者，是交大西迁的积极拥护者和坚定执行者，在交大西迁中发挥了模范带头作用。为了西迁，他放弃了用三根金条在上海买的房子；他的夫人杨玉瑛，曾经是上海著名的妇科医生，为了西迁，她毅然追随先生来到西安，在东郊某厂做了一名厂医。

　　到达西安后，大西北轰轰烈烈的建设激发了顾先生对教学科研的热情。他对教学倾注了大量心血，直到68岁才退下本科生讲台。他主编的高校通用教材《机械制造工艺学》曾获国家优秀教材一等奖，如今还被高校广泛采用。他在国内首倡机床动力学研究，60多岁高龄仍奔走于20多个地市的几十家企业，从生产实例中选编机械制造工艺学案例。顾崇衔眼光敏锐，学术思想独到，为交大争取了首批机械工程博士点及机械制造系统工程国家重点实验室，为学科发展奠定了雄厚基础。创立于1913年的机械学科是交大的传统优势学科，交通大学迁往西安后，虽然条件较差，但机械学科发展却一直保持这种优势地位，顾崇衔这样一批老交大人的"传帮带"作用功不可没。

　　顾崇衔学术严谨，教书育人，普施恩惠，爱惜人才，深得学生和青年教师的尊崇爱戴。据学生卢秉恒院士回忆，他在攻读硕士、博士学位期间，顾崇衔就对他耳提面命，严格要求。顾崇衔经常鼓励和支持学生提交高水平学术论文，参加国际前沿学术会议。卢秉恒评价自己的导师是一位"创新、勤行、严谨、远瞩的领军之帅"。顾崇衔风度翩翩、诙谐幽默、平易近人。学生结婚邀请，他总是欣然前往，作诗祝福，期望学生婚后仍然要努力工作；其他课题组的研究生无钱付印论文，他也慷慨解囊相助。顾崇衔爱才惜才之举令人动容。一个学生博士毕业出国进修后，急于安定家庭，去了一所小学校任职。顾崇衔知道后，非常惋惜那位学生去那样和自己学识不符的地方，并要自己的其他学生向这位博士生转达他的意思。后来，这位博士生以自己的学术能力应聘到清华大学，顾崇衔才得以了却心愿。

据顾崇衔的研究生林志航回忆，为了确定自己的研究方向，1963年顾崇衔带着他到无锡、洛阳等地调研。在洛阳轴承厂调研时，顾崇衔了解到该厂存在双端面磨床磨削的轴承滚子垂直度超差的问题，他认为这个问题是既有实际背景又有共性的理论问题，就将其确定为林志航的论文课题。随后林志航又在洛阳轴承厂和厂里的技术人员一起进行了一年半的试验研究，终于找到了产生垂直度超差的原因，并加以改进，提高了轴承滚子的加工精度，得到轴承厂有关方面的肯定。回到学校后，林志航认为已经把生产问题都解决了，写一下论文就可以毕业了。但顾崇衔认为研究生论文不能局限于解决某个生产实际问题，必须提高到共性的理论高度。为此顾崇衔一遍一遍地修改林志航的论文，时间长达半年多。在顾崇衔的悉心指导下，林志航终于掌握了撰写研究生论文的方法。

1984年顾崇衔教授（左二）会见外宾

1978年，交大的各项工作逐步走上正轨。有一天，顾崇衔对学生林志航说，可以将在洛阳轴承厂所做的双端面磨床精度分析的研究，写成一篇英文文章投到国际杂志发表。当时，中国和国际学者的交流尚未开始，写英文论文投到国际杂志对林志航来说简直是不敢想象的事。一方面，林志航在中学、大学全是学俄文，到读研究生才从ABC开始学英语；另一方面，林志航要写的论文内容是十多年前所做的研究工作。但顾崇衔勉励林志航，要有信心，一定能行！在顾崇衔的鼓励下，林志航经过艰苦的努力，经过无数次修改，终于写成了英文论文，并且在国际杂志发表。就是在一遍又一遍的修改中，林志航学会了规范的学术表达，掌握了撰写英文论文的方法，同时也提高了英文水平。

顾崇衔一生坚持严谨的治学态度，几十年如一日，事无大小都以同样严肃认真的态度对待学术工作。同时，他也不断教育青年人，作为一个教师必须要有敬业精神，必须认真，一丝不苟。顾崇衔严谨的治学态度在编写《机械制造工艺学》教材的过程中得到充分体现。为了编写《机械制造工艺学》教材，他带领参加编写的教师在上海调研了一个多月。以其中"典型零件加工工艺"一章为例，对每一个典型零件在不同工厂的加工过程的每一道工序（包括所用加工参数、装备）都进行实地考察、分析、比较，选择其中最合理的工艺过程为典型零件的典型工艺写入教材。顾崇衔亲自编写了教材中的"机械加工精度"这一章节，在这一章中体现出了顾崇衔的研究思路，记录了大量顾崇衔多年的研究成果，从而使这本教材区别于其他的机械制造工艺学教材，形成了自己的特色。

顾崇衔教授用他一生的奉献和实践，指引着青年一代本本分分做人、认认真真做事、踏踏实实做学问，指引着青年一代奉献科研、奉献西部，无怨无悔。

蒋大宗：耕耘不辍　支援建设

　　蒋大宗和交通大学结缘可以追溯到1940年，那时他高中毕业考取的是交通大学的电机系，但蒋大宗不愿意留在已被日军占领的上海，就决定告别母亲到西南联大求学。日本无条件投降后，他于1946年2月应聘进入交通大学。从进入交通大学开始，蒋大宗就把一颗赤子之心奉献给了交通大学。

　　1956年6月，交通大学的第一批教职员工踏上了西去的列车，来到了古城西安。在迁校过程中，蒋大宗身体力行，态度坚决。由于他的妻子当时在上海广慈医院工作，所以1957年蒋大宗先只身一人来到西安。1958年，蒋大宗的妻子毅然放弃了上海广慈医院主治医师和上海第二医学院讲师的职位，告别了年迈的父母和兄弟，带着孩子们来西安与蒋大宗团聚，并从此扎根在这块土地上。改革开放以后，西安交通大学曾涌现过一股"孔雀东南飞"的热潮，蒋大宗虽已年过六旬，上海交通大学仍有意请他回去，但最后蒋大宗还是选择留在西安。

1959年蒋大宗教授（站立者）指导青年教师上课

蒋大宗一辈子献身于教书育人，他曾经说道："选择教师这个职业就意味着选择了责任、付出和辛苦，你的一言一行都会在学生心灵深处留下印痕，这是一个人年轻时想象不到的。做教师同时也是很幸福的，当你白发苍苍的时候，每当校庆到来时，学生成群结队来看望你，谈起你当年课里课外对他的影响，那时候你会觉得你是世界上最光荣的人，最幸福的人。"

蒋大宗对学生既严格要求，又和蔼可亲，和他的许多学生情同父子。20世纪70年代中期，蒋大宗刚开始上讲台时，有一名学生得了急性肝炎，班里的同学都避之唯恐不及，而蒋大宗不仅没有避而远之，反而亲自去卫生科为住院的这个学生补课，使其避免了休学的命运。蒋大宗与他教过的许多学生一直保持着联系，就连已经毕业多年的学生得了病，他也会想尽办法动用各种关系帮助联系治疗。医电专业是一个交叉学科，蒋大宗指导的硕士、博士，有学自动控制、计算机出身的，也有学医出身的，甚至还有学体育出身的，基础参差不齐，蒋大宗注意因材施教，为他们量身定制了适合各自的培养计划，将他们一个个培养成为合格的生物医学工程人才。

2003年，由蒋大宗的学生和社会热心人士发起建立了"蒋大宗基金"，用于奖励在生物医学工程专业学习成绩优异并有创新精神的在校研究生。这个基金至今已经建立了十几年，奖励了近百名学子，激发了一代年轻人探索和开发"中国人用得起的医疗仪器"的热情。

全国一盘棋，集中力量办大事

发挥社会主义制度优越性，集中力量办大事，在新中国成立之初的国家建设，早已彰显出来。新中国成立以来，为了解决区域发展不平衡的矛盾，包括上海、天津等沿海城市和东北地区等老工业基地在内的经济基础较好的省、市，遵照中央总体部署，先后派出金融、建筑、纺织、电力、机械、高教等行业的数万名干部、工人和知识分子支援西部建设，为西部地区的经济发展和社会进步作出了重要贡献。仅以上海支援陕西为例，当年，上海金融业的广大职工响应号召，六千余人自愿报名成为西北金融行业的建设者，其中分配到陕西省的有近八百人。"一五"计划期间，陕西重点发展棉纺织业，1956年在上海招收工人三千余名。此外，许多城市建设行业、服务行业的企业也迁至陕西。如1955年华东工业建筑设计院迁往西安，后更名为西北工业建筑设计院；1956年，上海新新越剧团迁往西安，后更名为西安市越剧团；上海东亚饭店迁往西安，后更名为西安东亚饭店；上海电力设计院迁往西安，后更名为西北电力设计院。

华东航空学院（简称华航，即今西北工业大学的重要组成部分）成立于1952年10月，它是由交通大学、南京大学（原中央大学）和浙江大学三所名校的航空工程系合并而成。经国务院批准，1956年华东航空学院由南京迁到西安，更名为西安航空学院。华东航空学院和交通大学是当年全国仅有的整体迁往西安的两所大学。华航迁校是中央和国务院根据社会主义建设和国防建设的要求，结合国民经济建设发展计划采取的重要举措。半个多世纪以来，华航全体师生员工历尽艰辛，以"热爱祖国、顾全大局、艰苦创业、献身航空"的精神扎根西北，服务国家。

西安电子科技大学前身是1931年诞生于江西瑞金的中央军委无线电学校，是毛泽东等老一辈革命家亲手创建的第一所工程技术学校。1958年初，中国人民解放军通信学院（当时校名）积极响应国家西部开发和新中国国防建设的需要，放弃从河北张家口迁址北京的原定计划，献身大西北建设，迁往古城西安，自此开启了扎根西部育人育才的办学征程。当时，为了组织全院人员有始有终地顺利完成这一艰巨任务，院党委及时提出了"离开得好，路上走得好，到西安安置得好"的要求，做到教学、迁院两不误。

1958年西安电子科技大学校园航拍图（图片来源：西安电子科技大学党委宣传部）

学有所思 ▶▶

通过这一讲的学习，我们对这些"西迁人"有了一定了解，在他们的身上我们能学到什么样的精神呢？作为新时代的青年学子，应该如何胸怀大局并在实际中体现呢？

观看中央电视台纪录片《大师》，深入博物馆或"西迁人"家中开展寻访活动，学习领会以他们为代表的无数奋斗者在平凡岗位上创造非凡业绩中所体现的价值精神，并思考他们的经历对我们青年学子的指导意义。

无私奉献的价值追求

人总是被他们之中最勇敢的人保护得很好。革命和建设没有现成路可走，没有现成模式可循，在中国人探求救国救民、谋求民族复兴的历程中，无数仁人志士前仆后继、无私奉献，历经曲折而不畏艰险，屡受考验而不改初衷，终迎来了中国从站起来、富起来到强起来的伟大飞跃。一段段恢宏壮阔的历史、一位位生动的人物构成了一个个鲜明具体的坐标，形成了历久弥新的共产党人精神谱系。作为其中重要一环，西迁精神焕发着璀璨的光芒。

"党让我们去哪里，我们背上行囊就去哪里。"国务院作出交通大学内迁西安的决定后，一呼而百者、千者应，从繁华的上海奔赴艰苦的西部，登上西行列车，引吭《歌唱祖国》，自此便将自己的人生与事业无私奉献给这片黄土。如今，西迁大树早已参天，为我国尤其是西北地区的社会经济、科技教育事业作出了重要贡献。

无私奉献是赤诚向党、同向同行的崇高理想。为中国人民谋幸福、为中华民族谋复兴是党的初心与使命，历史和实践早已充分证明中国发展之关键在于党的领导。只有听党话跟党走，与人民同向同行，才能为把我国建设成为社会主义强国贡献自己的一份力量。

无私奉献是投身建设、矢志献身的坚定信念。近代以来，面对山河破碎、民不聊生，正因为有千千万万不畏牺牲的勇士，把"小爱"升华为"大爱"，用鲜血和生命践行自己的信仰，才有了70年前天安门城楼上那声荡气回肠的"中国人民从此站起来了！"在滚滚历史洪流中没有人能够独善其身，只有个人前途与国家命运同频共振，才能奏响最美乐章。

无私奉献是扎根西部、无怨无悔的执着追求。"志不求易者成，事不避难者进"。实现中华民族伟大复兴的中国梦需要一代一代人矢志奋斗，在祖国最需要的地方建功立业。像螺丝钉一样紧紧"拧"在各自的岗位上，始终勤勤恳恳、兢兢业业做好本职工作，就能在拼搏中书写自己的历史，推动民族事业的发展。

第一节　赤诚向党　同向同行

中国科学院院士、热能动力工程学家，中国锅炉专业、热能工程学科的创始人之一，多相流热物理学科的先行者和奠基人，这些称号记录着陈学俊先生的一生。西迁精神注入了他的灵魂。回顾他忠于党的事业的一生，源于"党让我们去哪里，我们背上行囊就去哪里"的坚定理想，源于"哪里有事业，哪里有爱，哪里就有家"的崇高信念，源于"始终与党和国家的发展同向同行"的执着追求。让我们通过本节内容感悟"西迁人"的初心和使命。

西迁故事

陈学俊：西迁人永远年轻

"革命人永远是年轻，他好比大松树冬夏常青，他不怕风吹雨打，他不怕天寒地冻，他不摇也不动，永远挺立在山岭。"这首《革命人永远是年轻》，是陈学俊教授特别钟爱的一首歌曲，亦是他一生艰苦奋斗、矢志报国的真实写照。

陈学俊，我国热能工程学科的创始人之一，多相流热物理学科的先行者和奠基人。1957年响应国家号召，成为西迁队伍中最年轻的教授，自此扎根西部六十载。

新中国成立前夕，陈学俊本可远渡海外，但他放弃与海外家人团聚的机会，毅然选择留在祖国。当党和国家吹响"向科学进军，建设大西北"的号角时，陈学俊带头举家迁往西安。1957年，陈学俊和夫人袁旦庆带着4个孩子，乘坐第一批载有交大教师的专列来到西安。出发前他们注销了上海户口，把房子送给上海市房管局。有人认为陈学俊太吃亏，那两间在上海牯岭路（国际饭店后面）的房子，放到现在很值钱，陈学俊却说："既然去西安扎根西北黄土地，就不要再为房子而有所牵挂，钱是身外之物，不值得去计较。"

迁校初期条件艰苦，野兔在学校草丛里跑，夜半能听到狼嚎。袁旦庆带着40多位教员，在果园、荒地上建起了实验室，编写教材，培养年轻教师。陈学俊和迁校先驱们克服了水土不服，缺少水产品、大米、蔬果等生活难题，扛过了三年困难时期的困苦，共同建设出一个堪称当时全国一流的崭新校园。

1980年，陈学俊出任西安交通大学副校长，大力提倡向国际先进科学技术学习，努力提高教育质量。他率领西安交大代表团赴瑞士，与洛桑高等工业大学签订了合作协议，紧接着又与美国迈阿密大学清洁能源研究所建立科研合作，组织了西安交大第一个国际学术会议。

陈学俊一生为我国科研事业作出了杰出的贡献：1952年，陈学俊主持创建了我国第一个锅炉专业；1979年主持筹建了我国高校中的第一个工程热物理研究所；1980年主持建成国内唯一一个压力可达超临界压力的气液两相流实验系统；1992年，他领导建成我国能源动力领域内唯一的动力工程多相流国家重点实验室，并领导该实验室针对我国能源动力工业发展中的安全、高效节能等问题进行了持续的理论和实验研究。而当他担任西安交通大学副校长后，又全身心投入中国科研教育中：1996年，陈学俊将获得的何梁何利基金科学与技术进步奖的10万元奖金，分赠给了安康希望工程和西安交通大学，以设立奖学金；2006年，陈学俊院士又在学院内设"陈学俊优秀奖学金"；2016年，在西安交通大学120周年校庆之际，陈学俊再次向学校捐款20万元，用于奖励梦想的新一代。他亲自教过的学生有2500多人，其中人才辈出，多人成为两院院士，陈学俊在教育界亦是受人称赞的传说。

时光荏苒，今距交大西迁已过去60多年，交大已经在中国大西北牢牢扎根，"西迁人"也为交大奉献了一生，薪尽火传，一代又一代，无数的意志最终凝聚为一种交大精神——西迁精神，随着时光的打磨，最终升华为中国共产党精神谱系的重要组成部分。

2017年7月4日，陈学俊先生离世，不知是多少人心中难以释怀的痛。逝者虽逝，但他的灵魂却永驻于党的意志与西迁精神之中，激励着一代又一代人奋勇向前！

我国高校第一个锅炉专业的创办

自从瓦特对蒸汽机做出重大改进并带来工业革命到今天，锅炉一直是产生各类动力的重要装置，相关理论研究也在不断深化深入。20世纪50年代，我国开始生产电站锅炉，独立自主发展电力工业。当时从设计、制造到安装调试、运行等各环节，一切都是空白，缺乏适合中国国情的设计数据和计算公式。

为了适应国家建设的需要，陈学俊筹建了我国高校中第一个锅炉专业，以培养这一领域的高级人才。他还在国内首先提出发展超临界发电机组的建议，主持了60万千瓦超临界机组的参数选择研究，筹建了国内第一个可以工作到临界压力至超临界压力的高压试验台，这在当时的国外高等学校中也属罕见。

20世纪五六十年代，陈学俊参与指导了上海锅炉厂第一台直流锅炉的设计；70年代，主持解决了上海南市发电厂本生型直流锅炉的严重脉动问题；80年代初，他又提出了工业锅炉大型化、火电机组近代化等建议，并进行详细分析论证，为国家能源技术政策的制定提供了重要依据，获国家科委、计委、经委颁发的重要贡献奖，在动力工程行业具有崇高声望及巨大影响。1980年以来，陈学俊又根据核电、国防现代化、高新技术的发展和国际多相流与传热领域的发展动态，结合国家经济建设的需要，对国际上尚属空白的螺旋管及尚不成熟的水平管、垂直下降管等管型内气液两相流和传热特性进行了系统研究，取得一系列开创性成果，为发展我国亚临界、超临界压力大容量变压运行机组锅炉提供了理论依据，部分成果达到国际先进水平。管内两相流动与传热研究在1986年国家教委科技司组织的中外专家评审中，被一致认为属国际领先水平。陈学俊根据多年研究而编写的《锅炉原理》《两相流与传热原理及应用》《多相流热物理学》《气液两相流与传热基础》等书也成为我国两相流域的经典著作。

学有所思 ▶▶

不忘初心砥砺奋进踏上新征程，牢记使命筑梦前行不负新时代。通过这一节的学习，谈谈你对初心和使命的理解，试论端正入党动机的重要性，并结合自身实际谈谈在新时代应当如何端正入党动机。

研学活动 ▶▶

采访一位"陈学俊优秀奖学金"获得者，了解陈学俊的先进事迹和奋斗精神对他们成长的激励和影响，勉励自己珍惜宝贵年华和幸福生活，勤奋学习、勇于探索。

第二节　投身建设　矢志献身

　　斗转星移，大树西迁，无论风雨，志向坚定，终成参天。虽世事变迁，但大师精神长存，好学不息、精益求精是执着的治学态度，鞠躬尽瘁、精心育人是不悔的道德写实，投身建设、矢志献身是先行者在风云变幻之际义无反顾向西而行的伟岸身影。从繁华的上海到贫瘠的西安，漫途千里，面对决心难下的学生，身为教师的殷大钧不仅身先士卒地响应中央号召，更是将"一切为了国家的需要"贯彻到底，在新土地上为我国的物理事业培养出一批又一批栋梁；同样在这西迁路上，还有一群默默无闻的后勤工作者，交大总务科，他们在炎炎夏日中扛来了一座"小上海"，将一片荒地建成了一座家园。让我们走进本节内容，学习他们的奋斗历程。

殷大钧：砥砺一生　不改初心

殷大钧是我国著名的物理教育家，出身书香世家，祖、父两代人都是私塾及家庭教师。殷大钧自幼博览群书，乱世之中对帝国主义的侵略和旧社会的黑暗深恶痛绝，以建设一个美好富强的国家为己任。尤其是五四运动爆发及中国共产党成立，让当时的殷大钧对共产主义产生了浓厚的兴趣与期待，对其理想亦是十分仰慕。在1930年冬，殷大钧由时任清华党组织书记张立森（张钦益）介绍入党，同唐明照（中国首位联合国副秘书长）、胡鼎新（又名胡乔木，曾任中共中央书记处书记）等同志参与反帝反蒋介石政权活动并积极宣传马列主义。

殷大钧1941年进入交通大学重庆分校。在此期间，他阅读了大量进步刊物、书籍，还积极支持爱国学生运动，被国民党定性为"共产党在重庆教育届的领导人"，予以重点监控。抗战胜利后，殷大钧受学校委派赴美深造，1948年毕业即返校，承担物理教研组教学组织工作。1955年2月，殷大钧受高等教育部委托，与王谟显、江之永主持编写了新中国第一部《物理学》教材，全国发行百万册，是"文革"前全国非物理专业物理基础课的优选教材。殷大钧因贡献突出，获得了中国物理学会金质奖章。

1955年4月，中央决定交大西迁。得知迁校的消息，殷大钧积极踊跃带头西迁，还动员教研室其他同事共同前往西安。1957年1月，他返沪接88岁的老母亲和其他家眷前往西安，临行前接受校内采访，面对同学们提出的关于新校区生活、教学方面的问题，殷大钧耐心解答并予以鼓励说："西安在某些方面是比上海差些，但要开发一个地方，要在一个地方建立美好生活，开始时总是有困难的，总是需要我们去艰苦奋斗的。"在个人生活方面，虽然身患严重的胃病，母亲也已是高龄，殷大钧却说："为了国家的需要和学校的发展毫无疑问我们应该去，至于个人生活上有不如意之处，完全应该尽量克服。"

整风运动期间，因国际局势趋缓和沿海工业建设问题凸显，交大迁校问题争论异常激烈，以至惊动了周恩来总理。从5月20日到6月4日，国务院召开专门座谈会，解决交大迁校问题。殷大钧代表西安校区晋京汇报，聆听周总理指示，提出按"统筹兼顾，适当安排"（毛泽东语）的方针处理交大迁校问题，与后来中央决定交大分为上海和西安两部分的决策精神完全符合。

随后，"反右"斗争开始，殷大钧被错划为"右派"分子。"文革"期间也遭到迫害。虽蒙冤20余年，但殷大钧一直坚定地拥护党的方针路线，始终不渝地忠诚于人民的教育事业。

1982年，西安交大重建物理系，为了弥补过去20年的损失，殷大钧开设专题讲座、翻译美国教材、商谈合作办学、邀请专家到校讲座。这样的工作量，即便是一个年轻人也会感到吃力，而年逾古稀的殷大钧却夜以继日地坚持了下来，并同吴百诗教授一起联合培养了西安交大第一届物理学研究生。

为巩固研究生的理论基础，年过八旬的殷大钧亲自讲授经典光学和量子光学两门课，教材均以英文原版为主。对于年轻教师的培养，殷大钧也是不遗余力。他常鼓励助教试讲，主动帮助审阅讲稿，认真做好课前指导，陪同听课，课后逐一讲评，手把手"扶"助教上讲台。在他培养的学生中，有中国电源学会理事长何金茂、中国波谱学事业的创始人之一邬学文、我国真空科学的开拓者之一华中一、国家教育委员会工科物理课程教学指导委员会第一届副主任委员吴百诗等。

殷大钧的一生从未离开过讲台。20世纪60年代初，久患胃病的殷大钧积劳成疾，染上了肺结核，身体日渐羸弱。有一次，他眼睛红肿布满血丝，实在无法支撑，身体就斜倚在讲桌旁，仍坚持把课讲完。即使独生女儿病故，殷大钧痛苦万分，也依然坚守讲台，未缺过一堂课。

由于历史及个人原因，殷大均曾于1932年脱离党组织，但是重新成为一名合格的共产党员，是他多年的心愿。1985年，已临耄耋之年的殷大钧提出重新入党的要求，写下了数千字的入党申请书，全面回顾了自己一生为党和国家的事业奋斗的历程；次年1月，80岁高龄的殷大钧重新入党，完成了他终生奋斗的目标和心愿，实践了"只要一息尚存，就要努力争取重新入党，全心全意为人民服务，为建设社会主义和实现共产主义理想奋斗终生"的誓言。1992年10月，殷大钧因病溘然长逝。

先生过世之后，遵照其遗愿，把其毕生藏书和资料全部献给了西安交通大学物理系。

西安交大总务科：西迁路上的平凡与伟大

1956年，学校的总务科接到了一项特殊的任务——迁校，学校的主体部分由上海迁往西安。从上海到西安全程约1500公里，坐火车要30多个小时，横跨了半个中国。所有人都明白，这将会是一项非常艰巨的任务。

时间紧，任务重，总务科研究了搬迁的方案，决定将人员派分为两组：一组在上海负责打包、运送，另一组在西安负责接货、安装到位，各司其职。

搬迁的工作细致而繁琐：一是教学科研设备的搬迁。这些科研设备多为精密仪器，因此对于运输的要求非常严苛，必须要做到严丝合缝，从上海运出一直到西安的实验室安装到位，整个过程都要精心细致，丝毫不敢麻痹大意。二是教职工的家具和行李搬迁。考虑到教职工的生活用品繁多，总务科专门到外面工厂定制了一批箱子来装运行李，大到家电家具，小到锅碗瓢盆，都由总务科打包组负责统一打包托运，要求就是西迁物品不能损坏、不能遗失、不能弄乱，物品运到西安之后，有专人接运，直接送到学校宿舍。三是学生用的课桌和椅子。这些桌椅数量巨大，在当时的运输条件下，搬迁实为不易。但即使如此，学校仍然做到了没有因迁校晚开一天学，没有因搬迁少开一节课，没有因安装迟开一门实验！

迁校不仅仅是把东西搬来那么简单，校园的卫生清洁和环境绿化，办公用品的发放，各种设备设施的采购，商店、食堂等各种生活场所的规划，水电、锅炉等工作的管理和联络，种种后勤工作，总务科也在争分夺秒地落实。

同时，为了使千里而来的师生更快地适应新的生活环境，学校一面建成了幼儿园、小学及后来的附属中学，另一面开设了澡堂、理发店、服装店、修鞋铺，甚至把上海当地的许多厨师也请了过来，可以说是迁来了一个"小上海"！

当时的通信手段和交通条件都极为不便，总务科的工作人员只能步行或者骑自行车跑东跑西，再加上西安的下雨天特别多，恶劣的天气、泥泞的道路，为搬迁工作添了不少麻烦。虽然如此，总务科的工作人员依然尽力为教职工打造最舒适的生活条件，他们在教职工到达西安之前就已经率先抵达，把每家每户的房间都打扫干净，尽量把宿舍按照教职工上海家中的布置复原，或是按照主人的意愿摆放家具，甚至把各家的暖瓶都装满了开水。

还有一个细节值得一提：搬迁工作是在夏天进行的，为了让教职工防暑，总务科的工作人员还在每家每户都放上了西瓜，而自己却汗流浃背、口干舌燥，舍不得"分一杯羹"。

据校史记载，1956年5月31日，有1000多吨教学用品和公私家具运抵西安。之后，实习工厂、仪器设备以及各类图书、教材也都陆续运抵西安，可见工程量之大！虽是这样，第一批搬迁的几百户人家，没有一家丢失任何一样物品。

第三节　扎根西部　无怨无悔

　　我国西部地区自然资源丰富，市场潜力大，战略位置重要。但由于自然、历史、社会等原因，西部地区经济发展相对落后。新一轮西部大开发的号角已经吹响，"一带一路"的建设正在如火如荼地展开，西部将以更具发展潜力的姿态出现在世界舞台，青年人在西部的发展将有更多的机遇，让我们不忘初心，牢记使命，扎根西部，奉献青春！

沈云扉：何必忆江南

1956年，时年66岁的沪上名医沈云扉是当时交大"西迁人"中年龄最大的。

沈云扉1890年生于崇明县，自小成绩优异，1905年保送入南京江苏陆军小学读书，1907年再次保送到上海同济大学医科学习7年，毕业后在宝隆医院工作。第一次世界大战爆发后，德籍人员回国，他就担任医院代理院长。1915年，鉴于乡村需要西医，他邀约同学回

沈云扉

乡，集资在崇明城内东街创办一所小型医院。在为一位乳腺癌患者施行手术成功后，医院声誉大振。1916年由县地方公款津贴，迁址西街成为第一所私办公助的西医医院，取名第一医院，沈云扉任院长。1919年，他在上海同德医学院任教务长。1921年至1927年，兼任南洋大学校医。抗日战争期间，他参加过上海红十字会第十九伤兵医院的工作，并在上海自办沈云扉诊疗所。抗战胜利后任交通大学校医，并推荐同是上海同德医学院毕业，当时亦是沪上名医的侄子沈伯参担任校医。中华人民共和国成立后，沈云扉已任卫生室主任。

1956年，学校要西迁，医务室一定是第一批迁校人员。本来他们叔侄可以不西迁，但年近古稀的老校医却不愿意。得知迁校消息后，沈云扉当即表示响应党和政府号召，再三婉拒校领导的照顾，并固执地对彭康校长说："交大在哪儿我就在哪儿。"毅然和侄儿

沈伯参一同举家随校西迁。沈伯参夫人张秀钰不但自己加入了西迁行列，还把娘家的私宅无偿地提供给学校做驻沪办事处。西迁后，沈云扆任西安交通大学卫生科科长，在校医院的诊室里为师生服务了八年。这八年，正是西迁后学校最困难的时期，不但面临最初创业的艰难，还有三年困难时期师生们普遍的浮肿，他们叔侄俩天天都在和死神作战。1964年，体弱多病的沈云扆在74岁才退休回沪，1969年去世，终年79岁。

1957年6月，沈云扆曾在校刊上发表过一篇短文《我的看法》，虽然短，但相当有分量。他说："我随学校走，学校到哪里我就到哪里，上海、西安或兰州、乌鲁木齐等等，我都跟着走。苏联能够以无私的精神帮助我们，难道我们一国之内先进地区不应当帮助落后地区吗？上海不应当帮助西安吗？"老校医那首不少交大师生记忆犹新的词《忆江南》，也道出了无数交大"西迁人"的心声：

> 长安好，
>
> 建设待支援，
>
> 十万健儿湖海气，
>
> 吴侬软语满街喧，
>
> 何必忆江南。

带着西迁精神去援藏的医疗队

医疗人才"组团式"援藏工作，是党中央为进一步促进西藏医疗卫生事业发展，改进援藏医疗人才选派方式，改善全区各族人民就医条件，由国家卫计委和有关对口援藏省市指派医院，成批次组团派遣医疗骨干，支持受援医院学科建设和医疗人才队伍建设的援藏新方式，充分体现了以习近平同志为核心的党中央对西藏人民的特殊关怀，体现了社会主义制度集中力量办大事的无比优越性。

1994年7月，党中央第三次西藏工作座谈会确定陕西省对口支援西藏阿里地区。阿里地区位于西藏西部，面积34.5万平方千米，平均海拔4500米以上，被称作"世界屋脊之屋脊"。缺氧、高寒、地广人稀、交通不便，是对阿里地区的真实描述，它也一直被称为"生命禁区"，医疗卫生事业发展非常滞后，医疗人才缺乏、临床技术落后。但这些都不能改变她作为祖国大好河山一部分的事实，也不影响她成为祖国儿女愿意去奋斗、奉献的地方。

近年来，陕西省一批批医疗卫生技术人才响应国家援藏政策号召，背起行囊远赴雪域，克服高原反应等难题，积极融入，主动作为，充分发挥自身优势，协助当地医院开展疑难杂症和常见病、多发病的诊断治疗，开展新技术新疗法，申报医疗课题，开展各类手术，尤其是先后成功实施了开颅、锥颅、髋关节置换等重大手术，填补了阿里地区医疗卫生领域多项空白，扎实推进医疗技术援藏工作，为雪域高原的广大患者带来希望与福音。"中病不出地市，小病不出县区"，陕西援藏医生们自发组建高原流动医疗队，深入当地群众家中，提供义诊服务，实现了阿里百姓就医"最后一公里"，切实增进当地群众健康福祉。援藏专家还与当地医务人员结成帮带对子，开展了医学教育系列讲座，开展常态化远程教学，分批选派部分专业技术人员进行短期集中学习和培训，有针对性地开展临床诊治技术教学活动，把新理念、新疗法、新技术传授到西藏，培养当地业务骨干独立开展手术和晋升高一级职称，留下一支带不走的医疗力量，帮助当地医院提高了整体医疗技术水平。2016年12月，在"组团式"援藏医疗专家的无私帮助下，在地区人民医院全体医护人员的共同努力下，阿里地区人民医院成功创建"二甲"，结束了全国最后一个没有评级的地级医院的历史。之后全地区6个县医院完成了"二乙"创建，阿里地区医疗卫生事业发生了格局性变化，实现了历史性进步。"组团式"医疗援藏专家们以"踏石留印、抓铁有痕"的劲头，凭着一心援藏的家国情怀和解决群众病痛的责任担当，用无私的奉献在藏区创造了一个又一个的医疗成就，用辛勤的汗水浇灌出鲜艳的民族团结之花。

陕西第五批"组团式"援藏医疗人才副队长、西安交通大学口腔医院副院长周秦说："去的时候是带着这边的延安精神、交大的西迁精神，回来的时候我们把老西藏精神也带回来了。"西安交通大学第二附属医院张正良第一次出征是2015年作为第一批援藏专家去阿里，他对急危重症、孕产妇救治等方面的流程进行完善改进，自告奋勇担当起筹建医院重症监护室的重任，荣获第一批医疗人才"组团式"援藏医疗队"优秀管理者奖"、西藏阿里地区优秀援藏干部等称号。

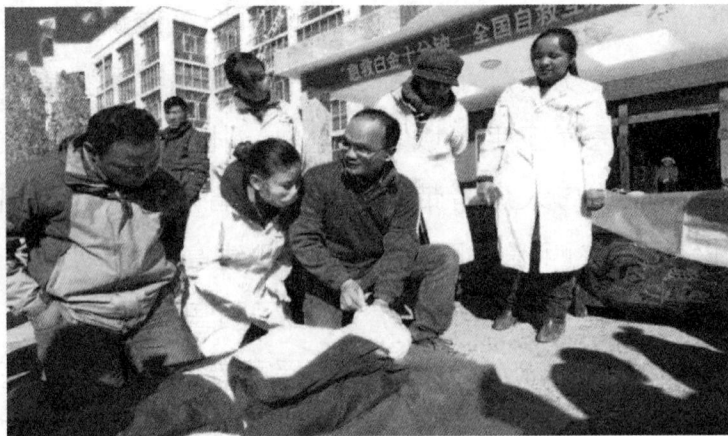

张正良教授手把手教西藏医护群众学习急救措施

"这世上哪有什么英雄，只是因为被需要，才有人成为英雄。我只是一名普通医生，哪里需要就冲向哪里，治病救人永远是我的职责。""在年轻的时候到艰苦的地方去锻炼、去奉献、去建功立业。""不忘医者初心，牢记健康使命。""活得精彩不是很容易，但至少要活得有用。"朴实的话语却有着最触动人心的力量，他们用实际行动诠释了交大人如何在自己的岗位上去继承和发扬西迁精神，在祖国的西部，在党和人民需要的地方默默奉献，让延安精神、西迁精神与老西藏精神在雪域高原交相辉映，绽放出璀璨的光芒。

西迁精神绽放在医学人心中

西安交通大学的医学人把西迁精神化为内心的坚定信念，以社会责任与人民健康为核心，深入贯彻"健康中国"战略，建设国家高水平区域医疗中心，促进资源优化配置，提升区域医疗服务水平。先后获批9个专业类别国家区域医疗中心与2个专业区域医疗中心输出单位，以优势学科群的辐射引领和示范带动效应，全面提高国家尤其是西部区域医学发展水平。首创城市分级诊疗新模式，建立省内外协作医院236家，助推神木市医院升级为陕西省首家县级三级乙等综合医院。托管陕西省内四家基层医院，全方位显著提升其服务水平，有效缓解群众就医难题。选派12批344名专家对口支援基层医院11家，使县域就诊率提高至90%以上；为基层医院培养业务骨干7000余人，荣获国家卫健委"医疗扶贫贡献奖"等荣誉。先后23名"组团式"援藏专家在阿里人民医院开展多项首次、首例新技术，带动医院通过"三乙"创建；全方位支援新疆医科大学附属肿瘤医院，并推动其通过"三甲"复审。响应国家号召，多批次参加援外医疗工作，2018年牵头组建第34批援苏丹医疗队，2020年作为第八批援马拉维医疗队队长单位再次出征援外。

作为西迁精神传人的交大医学学子们也继承和发扬"胸怀大局、无私奉献、弘扬传统、艰苦创业"精神，面向基层和西部地区就业，到祖国最需要的地方。临床医学秉承"扎根西部、服务国家、世界一流"的定位，为西部培养大量高质量医学人才。2016—2020年共培养医学学术型学位毕业生438人，316人（72.15%）选择在西部工作，其中5人选择在基层单位工作，2人自愿到艰苦边远地区工作（博士1人）。培养医学专业学位毕业生共967人，583人（60.29%）选择在西部工作，18人自愿到艰苦边远地区工作（博士2人），新疆、宁夏、青海三省（区）就占到83.3%，其中还有三类和二类艰苦地区各3人。我校毕业生在艰苦地区工作业绩突出，先后获得国家自然科学基金和省自然科学基金，带去的新技术新疗法也有力地支撑和促进了当地的医疗全面发展。还有多名学生在西藏、内蒙古、云南等省（区）支教，服务当地基础教育工作。

学有所思 ▶▶

西部大开发为广大青年提供了无限的发展机遇；青年为西部大开发提供了源源不断的活力。在当今多元价值观的角度下，你如何看待这些放弃优渥生活条件，以青春和热血投入西部大开发的学子们的选择和行动？

研学活动 ▶▶

访谈校内外援藏、援疆、援鄂或援外医疗队的成员，了解医疗工作者在艰苦环境下脚踏实地、扎根基层、服务人民健康的事迹，加深对西迁精神内涵的理解，争做新时代新传人，创造新成绩、新贡献。

第四讲

弘扬传统的文化气质

中华民族自古就有着自强不息、开拓创新的精神品质。不论是在民族危亡艰难初创之际，还是在举校西迁波澜壮阔的历史时期，交通大学的每一步都始终秉承着这些精神品质，肩负为中华富强而兴学育才的使命。不论是在民主革命时期、社会主义革命和建设时期，还是在改革开放和社会主义现代化建设新时期，交大人都用实际行动传承和发展着这些优良传统，彰显了为强国兴邦不懈奋斗，为培育科技栋梁力克万难的革命品格和文化气质。

交通大学的优良传统，主要体现为深厚的爱国传统、光荣的革命传统和严谨的治学传统。广大知识分子胸怀祖国建设大局，将国家民族的要求与学校命运、个人发展紧密结合。从繁华的大上海内迁凋敝的西北时，不是没有困难和矛盾，不是没有思想斗争，但在这样一件关系国家工业建设布局和高等教育发展全局的大事上，心中强烈的社会担当与家国情怀促使他们作出抉择——爱国就是舍小家为大家，就是听党话跟党走。举校西迁的过程，可谓工程浩大头绪繁杂，在西部落后的城市建设起一所高水平的大学，不论就办学条件还是生活条件而言，面临的困难可想而知，正是这种勇于拼搏、矢志不渝、迎难而上、开创进取的革命品格，才换来交通大学一校两地齐头并进，才换来西安交通大学的辉煌和高等教育格局全面发展的成就。西迁之后，交大人坚守追求真理、崇尚科学的求实精神和务实业、重实干的踏实作风，以火热的激情抢占科研新高地，取得许多高水平的科学成就，也逐渐形成了特有的治学和育人传统，为西安交通大学今天的人才培养、科学研究和服务国家建设奠定了坚实的基础。

交大人把弘扬传统的精神品质化作投身建设的勇气与信心，在长期的办学实践中不断传承发扬，走出了一条求实创新、超越自我的开拓创新之路。在新时代，西安交大正以西迁精神的内涵为引领，开创着新的办学实践。2015年，西安交大正式开启中国西部科技创新港建设，2020年全面投入使用。建成后的中国西部科技创新港将成为世界级科教中心，国家级科技成果研发转化平台，也将成为我国第一所没有"围墙"的大学。交大迁校后的第二次创业将会不断推动学校深入落实国家"一带一路"倡议和创新驱动发展，推动大学与社会有机融合，发挥国家人才库、智力库以及西部地区科教高地的重大引领作用。

第一节　以爱国传统书时代壮举

　　"繁霜尽是心头血，洒向千峰秋叶丹。"在社会主义核心价值观中，最深层、最根本、最永恒的是爱国主义。长期以来，一代又一代交大人怀着深厚的爱国主义情怀，凭借深厚的学术造诣、宽广的科学视角，为祖国和人民作出了彪炳史册的重大贡献，以一生的真情投入、一辈子的顽强奋斗来体现爱国主义情怀，让爱国主义的伟大旗帜始终在心中高高飘扬。让我们通过本节内容学习他们的爱国奋斗故事。

西迁故事

沈尚贤：举家西迁高风尚　电子领域乃前贤

2009年，为纪念沈尚贤教授诞辰一百周年，江泽民同志特地为恩师题词："举家西迁高风尚，电子领域乃前贤"。回首沈教授的一生，正如1990年国家教委颁赠给他的铭文所言："老骥伏枥，志在千里，桃李不言，下自成蹊。"沈尚贤教授把毕生的精力都贡献给了祖国，他是我国自动控制与电子工程领域的奠基者，也是一位治学严谨的教育家，更是一位著名的爱国知识分子。

沈尚贤1909年出生于浙江嘉兴，自幼勤学苦读，1931年毕业于浙江大学电机系，同年留学德国，在柏林高等工业学校进修。在留学德国期间，他渴望振兴中华，发展民族工业，提出"德国有西门子，我们要办中国的'东门子'"的宏伟设想。1934年回国后投身祖国高等教育，年仅30岁就担任教授，先后在清华大学、西南联大、浙江大学任教，是我国抗战内迁时期的知名教授。1946年加入九三学社，并任交通大学教授，主要讲授应用电子学、无线电试验等课程。他主持筹办工业企业电气化专业，任教研室主任，并与苏联专家联合培养研究生，迈出了新中国成立后交通大学研究生教育的第一步。

1956年交大迁校，沈先生旗帜鲜明，坚决响应国家的号召，并身体力行举家随交通大学校西迁，成为西部大开发的先行者。一方面，沈先生大力动员胞妹沈德贤和妹夫陈国光先生放弃上海优越生活条件，来西安任教。另一方面，沈先生在交大西迁的教师讨论会上历陈迁校的意义和得失，最后得出一致赞成迁校的决议，对迁校的顺利完成作出了重要贡献。

沈尚贤教授一生光明磊落，待人以诚，生活简朴。先生所居住的一村15舍，面积比较小，一个小房间既当卧室又当书房。校领导多次劝他搬迁，但先生坚决不搬。当时沈教授既是省政协副主席，又是九三学社陕西省副主委，经常外出调研。九三学社交大委员会前主委陈瀚回忆，已80岁高龄的沈先生还坚持和大家一起挤面包车，饿了就在教工食堂吃便饭，晚上就住在学校的招待所。"我们是来解决问题的，不能给人家添麻烦"，先生这样告诫大家。先生最后一次带大家出去调研，所住招待所条件很差，到了半夜暖气突然停放，第二天就咳嗽了，后来导致气管炎复发。住在医院的沈先生还念念不忘调研结果，多次询问陈瀚调查报告是否写完。"不久后，沈老就离开了我们。"陈瀚沉痛地说。沈先生就是这样，完完全全将自己的一切奉献给了国家，为祖国的教育事业鞠躬尽瘁，直至生命最后一息。

黄席椿：心系家国著辉煌　甘于奉献续华章

黄席椿原籍江西九江，1912年出生于北京。三岁时父亲因揭露袁世凯复辟帝制阴谋被杀害，黄教授随母移居上海。1932年，他考入北京清华大学电机系，1936年8月毕业，毕业后留校任助教，1938年4月赴德国留学，先后在德国柏林工业大学和德累斯顿工业大学进修学习。1940年，黄席椿获特许工程师学位，之后在西门子工厂实习，1941年4月回国。

抗日战争胜利后，黄席椿于1946年5月随同济大学迁返上海，同时兼任大同大学和浙江大学教授。在此期间，他深感国内无线电技术，尤其是微波技术方面的教育甚为落后，便编译了《微波引论》及多种电磁场方面的教材、参考书，并开设了电磁波理论等课程。黄教授是我国最早从事有关电磁波理论、天线及电波传播教学与研究工作的专家之一。

1952年院系调整后，黄席椿教授任交通大学电机系电信组教授兼副教务长，同年加入九三学社，1956年加入中国共产党。他坚决拥护党中央、国务院关于交通大学内迁的决定，并毅然随校迁居到生活比较艰苦的西北，主持创办了西安交通大学无线电工程系，担任系主任。

黄教授不仅是一位造诣很深的电磁场理论、天线和微波技术专家，也是一位治学严谨，深受同行尊敬和学生爱戴的教育家。他从1959年开始培养无线电电子学方向的研究生，受到他精心培育的研究生达数十名，其中博士研究生四名。黄先生对教学严肃认真，对青年教师和学生循循善诱、悉心指导。1982年以来，严重的消化道出血迫使黄教授频繁住院接受治疗。即使在住院期间，他每每开列书单，嘱家人务必带至病房，甚至于在静脉输液、输血时，或接受痛苦的胃镜检查后，仍手不释卷，孜孜以求。1984年暑假，黄席椿教授应教育部电磁场理论编审小组和大连工学院共同举办的教师讲习班之邀，扶病前去开设了"电磁辐射、惠更斯原理与几何光学"讲座，取得了很好的效果，学员们反映"听后十分过瘾""学到了许多书本上学不到的东西……"这次讲座的教材是黄席椿冒着酷暑在病房里写成的。

黄席椿教授将毕生精力贡献给了祖国工程教育事业，丰富和发展了电波及天线方面的理论及实际应用，在学术和精神上为后人留下了宝贵的财富。

王季梅：科技报国开先河　科研创新育栋梁

中国的真空电器事业从零开始直至发展到今天，王季梅教授可谓该领域的奠基者和开拓者。他一生对中国电器事业有三大贡献：一是教书育人；二是科研创新；三是著书立说。作为我国真空开关和熔断器学科领域的先驱和杰出代表，王季梅教授被誉为"中国真空电器之父"。

王季梅1946年毕业于大同大学电机系，1947年任教交大电机系，1956年举家随校内迁西安。王教授从事真空电器和熔断器教学研究工作50余年，曾担任国务院学位委员会第一、二届学科评议组成员，中国电工技术学位第一届低压电器专业委员会主任委员，是我国较早研究真空电弧理论的学者之一，研究论著等身，多项科研成果填补国内空白，为交大真空电器教育事业及中国电真空工业的发展作出突出贡献。

1978年，王教授加入中国共产党，以传道授业为乐，与同事一起创建了交大电工量计、电器等专业，并于1985年培养出中国第一位电器博士。他曾教授过电磁测量、电机学、电器学等多门课程，其中很多课程都是国内首开。为配合教学，他亲自撰写讲义，出版十余部专著，其中《低压熔断器》《高压限流熔断器》《真空开关理论及其应用》《真空电弧理论及其测试》等是中国电器工作者主要参考文献和案头必备工具书。

王季梅教授注重理论和实践相结合，坚持自力更生，亲自动手建立真空电弧现象实验室，其中部分检测仪器达到国内先进水平。他主持研发的技术产品有许多项填补了国内空白：1951年研制成功电阻材料氧化技术，为制造氧化膜电阻器及其元件开辟了道路；1958年主持组建第一个真空开关研究小组，在国内率先开展真空开关研究；1964年研制成功第一台三相高压真空开关，开启了中国真空电器时代；先后研制成功6kV高压限流熔断器（1970年），国内第一套可拆式真空灭弧室（1986年），陶瓷外壳铁心结构纵向磁场真空灭弧室（1988年）等。王教授还坚持直接参与生产技术创新，担任多家企业的技术顾问，大大推动了中国电器事业的发展。

为加强中国与国际电器行业交往，1989年王季梅教授亲自挂帅，在西安交大首次举办了"国际电接触、电弧、电器及其应用学术会议"，这是中国第一次举办该行业的国际性会议。2000年他又倡办了"国际真空绝缘与放电学术会议"。鉴于王季梅贡献突出，2006年"国际真空放电与电绝缘"会议特授其"Dyke Award 杰出贡献奖"，为获该国际大奖的中国第一人。

孙中山先生说，做人最大的事情，"就是要知道怎么样爱国"。对每一个中国人来说，爱国是本分，也是职责，是心之所系、情之所归。对新时代中国青年来说，热爱祖国是立身之本、成才之基。当代中国，爱国主义的本质就是坚持爱国和爱党、爱社会主义高度统一。

新时代的青年要爱国，忠于祖国，忠于人民。青年人作为新时代最富希望、最具活力的群体，应坚持正确的政治方向，在思想上、政治上、行动上同以习近平同志为核心的党中央保持高度一致；树立热爱祖国和忠于人民的远大志向，不断奉献祖国、奉献人民，以一生的真情投入、一辈子的顽强奋斗来体现爱国主义情怀，让家国情怀深深扎根于心灵。

习近平总书记指出，"我们要积极培育和践行社会主义核心价值观，弘扬中华民族传统美德，把爱家和爱国统一起来，把实现个人梦、家庭梦融入国家梦、民族梦之中，用我们4亿多家庭、13亿多人民的智慧和力量，汇聚起夺取新时代中国特色社会主义伟大胜利、实现中华民族伟大复兴中国梦的磅礴力量。"青年人应牢记习近平总书记的谆谆教诲，正确认识"大国"与"小家"之间互为条件、相互作用的辩证关系，认识到家庭的命运与国家的兴衰和安危紧密相连，发扬在家尽孝、为国尽忠的优良传统，传承良好家风，立足本职工作，以国家和民族的共同福祉为奋斗目标，将爱国之情和报国之志融入为中国特色社会主义事业奋斗的全过程。

第二节　以革命传统焕科教威力

交通大学历史上就有着光荣的革命传统。民主革命时期，一大批交大学子为国家和民族奋不顾身，同封建主义、帝国主义进行坚决斗争的同时，自觉追求理想信念并不懈奋斗，将革命基因代代相传。中华人民共和国成立后，交大人响应国家号召，由上海迁往西安，铸就了知识分子爱国奉献的西迁精神，也谱写了交大人赓续革命传统，心怀兴国使命而奋力拼搏、艰苦创业的革命气概和时代华章。让我们通过本节内容学习交大人发扬革命传统，在教学和科研领域永攀高峰的故事。

西迁故事

史维祥：革命传统焕伟力，砥砺创新谋发展

西迁时还是青年教师的史维祥，是我国著名的液压传动及控制专家，是国务院学位委员会委员、机械工程学科评审组召集人，曾兼任西安交通大学机械系主任、教务处处长、副校长等职，1984年任西安交通大学校长，为西安交大的发展倾其毕生精力，为学校的各项建设作出过重要贡献。

史维祥在交通大学求学期间，在学校党组织的领导下，曾参加过交通大学发起的多次声势浩大的学生运动（如"反饥饿、反内战、反迫害"斗争和"反美扶日运动"），在共产党组织关心下成长，终于走上革命道路。1952年7月毕业后，史维祥被分配到交大力学教研室，担任著名力学教授楼鸿棣老师的助教。

西迁时，史维祥担任机械系党总支书记。与交大内迁西安同时，交大的电讯系同期调往成都成立电讯工程学院。因彭康校长决定恢复无线电系，史维祥的爱人蔡祖端和黄席椿教授等同赴成都支援一年，1957年迁到西安。由于史维祥当时在国外学习，家人同蔡老师一起迁到西安。

1980年，史维祥担任西安交通大学主管教学工作的副校长，1984年任校长，1990年卸任。这段时期，在校党委领导下，学校紧跟国家改革开放的步伐，坚持面向国民经济主战场，以学科建设为龙头，立足人才培养与科学研究，在继承老交大办学传统的基础上，实施育人体制与方式的全面深入改革，率先在国内提出并实施了一系列具有影响的重大举措，相继入选国家"七五""八五"重点建设项目，使西安交大成为高等学校当之无愧的"国家队"。办学方面，学校紧跟世

界管理学大发展之势，着眼于工程技术管理实践所需，在国内率先倡导建立了管理工程一级学科，并在1984年恢复建成了国内仅有的管理学院。史维祥在大力发展学校科技工作的同时，创立少年班、附属中学、出版社等，为西安交大的发展作出不可磨灭的贡献。

谢友柏：满腔热血献科教，激情不减永攀峰

20世纪50年代，交大人响应中央号召，义无反顾扎根西北，满腔热血献身科教，发扬了勇于拼搏的革命传统，以火热的激情不断抢占科研新高地，取得了许多高水平的科学成就，为社会主义建设培育了大批人才，其中交通大学的润滑理论及轴承领域的丰硕成果，离不开一位老教授——谢友柏院士的贡献。

谢友柏生于1933年，1951年考进交通大学，1955年毕业后留在机械原理及零件教研室任教。1957年，教授三年级课程的谢友柏，作为教研室的先遣队前往西安。

为响应国家"向科学进军"的号召，培养学生勇于探索的精神，谢友柏不断探索，提升自己的科研能力。1958年为了建轴承试验台，谢友柏找到一本苏联中央工艺研究院的小册子，按照小册子里一个轧机轴承试验台的剖面图，画了第一张图。1960年，谢友柏在清华大学力学班进修未完被召回教研室时，轴承试验台的零件已加工完毕，但仍未装配，由于形势越来越困难，只好暂时将零件泡在油里保存。1963年以后，情况慢慢好转，谢友柏又开始第二次加工。1964年，学校决定招收师资研究生，培养研究生需要做实验，谢友柏与另一位教师把轴承试验台的零件从油缸里取出来装配好，成为实验室的第一个能够做研究的试验台。1973年，重启工作的谢友柏第三次恢复实验室建设，受沈阳鼓风机厂委托，做正在研发新型号的鼓风机轴承性能试验，谢友柏等建造的轴承试验台第一次在产品研发上发挥作用。

谢友柏从事机械工程、摩擦学研究工作近40年，深入研究了机械

工程中多学科、跨学科范畴的摩擦学。对该领域的润滑理论及轴承技术、轴承转子系统动力学、振动、监测、控制、可靠性、摩擦磨损、表面形貌、流变、传热、材料涂复工艺、知识获取、数据库、专家系统等方面进行了深入的理论和实践（验）研究，并在此基础上发展了原有建立在简单系统上的系统方法，提出了摩擦学（大）系统工程的基本思想，构造了理论上的框架。此外，在大型汽轮发电机组和高速透平机械转子轴承系统等的摩擦学设计上，他也取得了丰硕的理论和应用成果。

作为一名科研人员，谢友柏在交大从上海迁至西安时，就知道西迁不仅仅是一所高校的迁移，更是我国建设大西北、发展大西北的开始。作为交通大学的一员，他深知自己肩负的使命，更努力地搞研究，发展科学事业，让我国缩小与其他国家的距离。同时，他也积极为国家培养优秀人才。在他和团队的努力下，我国不仅在润滑理论和轴承技术领域不断突破，而且还为西北的建设留下了许多人才。在他的带领和努力下，摩擦学研究已经成为西安交大的优势研究方向，有四位教授担任摩擦学会理事，润滑理论及轴承研究所已成为我国摩擦学重要研究基地之一，建设了"现代设计及转子轴承系统"教育部重点实验室。

在教书育人方面，谢友柏非常强调言传身教的重要性，他说："教师的职责是培养学生获取知识，并掌握运用知识解决实际问题的能力，这份职责光荣而神圣！"他指出，在现今互联网信息化的环境下，教师们要不断思考、调整教学方法，创新教学模式，不能简单地给学生灌输知识，而是要带领学生在阅读、观察、讨论、实践中寻找知识，培养学生的创新精神，启迪学生寻找社会需求的意识和解决实际问题的动手能力。谢友柏强调，身教大于言传，教师应时刻以身作则，在潜移默化中促进学生的进步成长。

从年轻的小伙子到八旬老人，60余年的执教生涯，三尺讲台占据了谢友柏的一生。但他从没抱怨，至今仍然不退休，继续从事着自己热爱的教育与科学事业。谢友柏在回顾西迁这一段往事时，仍然记忆犹新，他说："我在交大已经工作六十多年了，回顾迁校的那一段经历，还是热血沸腾，那个时候大家有一种精神，为了国家的富强，愿意不顾一切去奋斗。"现已年过八旬的谢友柏，仍然以不顾一切去奋斗的精神对科学事业不懈追求，在科学的巅峰上不断前进，努力用自己的生命去照亮科学的殿堂。

第三节　以治学传统谱强国篇章

交通大学治学严谨，管理严格，在培养的各个环节，对学生的学业和品行都有明确而严格的要求。学业方面，学校坚持以高质量要求保证学生高质量发展。过程考核严格，注重学业帮扶。品行方面，学校始终秉承"欲成第一等学问、事业、人才，必先砥砺第一等品行"的理念，科学教育和道德培养并重。本节学习将为大家揭开西安交通大学严谨治学传统的面纱。

朱公谨：一丝不苟严治学

迁校西安后，交大师生始终坚持和发扬教学严谨、以身为范、重于实践的治学传统，以"起点高、基础厚、要求严、重实践"的交大教学特色，为西部教育事业发展贡献巨大力量，为我国社会主义现代化建设添砖加瓦。

近代著名数学家、数学教育家朱公谨，为交通大学应用数学专业的建立和发展作出了重要贡献，受教育部委托主持制订了我国第一部高等数学课程教学大纲。

20世纪30年代，朱公谨曾赴哥廷根深造并深受启发，他认为数理专业的学生需要在严格的数学知识学习和训练基础上，同时拓宽理论物理、四大力学等方面的知识面，以适应学生在石油开采、水工建筑、钢铁生产等各类工程类研究中的数学应用能力。

朱公谨的严谨治学在教材编写中体现得淋漓尽致。他带头编写了《高等数学》教材，在他的著作中，"不证而自明""显而易见"等字样是经常出现的。朱公谨在课堂授课中更是一丝不苟。"这是十分明显的""毋需繁琐证明"是他的口头禅。朱公谨授课条理清晰、重点突出、方法精到，注重"推科学之本源，并教之以治学之方法"。

交大1946届毕业生钱钟彭回忆道："有一次，朱公谨先生讲课，题目是偏微分方程的特殊解。他没有照一般地分成抛物线型、椭圆型、双曲线型那么讲，而是由边界条件出发指出可以用各种方法，如逐步逼近、变分法等手段达到目的，触类旁通，充分发挥，显示了'条条道路都可以通向罗马'的妙谛。朱先生平时说话略有些口吃，但在课堂上讲课，不仅条理清晰，还口齿伶俐，滔滔不绝。我在听这次讲课时，如痴如迷，大有孙猴子在听菩提祖师说法时得闻大道的那份喜悦。"朱公谨授课能够抓住问题之本质精髓，至于书中具体细节常留给学生自行消化，以锻炼学生独立之思考能力。这种注重思想实质的分析和思维的训练，能够培养学生主动思考和探索的能力，使学生养成严谨、精炼、准确的科学习惯。

朱公谨一丝不苟、严谨治学的精神，不仅在科学技术领域为我国社会主义发展培养了建设者和接班人，更影响了一大批青年教师扎根西部、服务国家，为交通大学优良治学传统的弘扬贡献了力量。

屈梁生：志存高远求卓越

"风云两甲子，弦歌三世纪"。迁校六十余载，曾响应党中央号召，"向科学进军，建设大西北"的交大师生，或已双鬓渐白或已溘然长逝，他们一代代志存高远，追求卓越，勇攀科技之高峰。机器质量控制与监控诊断领域著名专家、中国工程院院士屈梁生便是其中一位。

屈梁生1948年进入交通大学机械制造专业学习，同年加入中国共产党外围组织——新民主主义联合会，1949年加入中国共产党。1952年屈梁生毕业于交通大学机械制造专业，获学士学位，1955年硕士毕业后执教于交通大学。1958年响应党中央号召，随校西迁，在大西北的黄土地上挥洒汗水，奉献一生，绘就科学和治学的宝贵篇章。

屈梁生作为国内机械检测与故障诊断学科的开创者和奠基人之一，在科学研究中面向世界科技前沿，对国内外的研究趋势深入洞察分析。同时作为该领域科研教学的先行者，面向国家重大需求，在专业领域积极开展基础性和拓展性研究，提出"诊断是以机械学和信息论为依托，多学科融合的技术，本质是模式识别"的学术思想。首创全息谱技术，全面集成机器振动的幅、频、相信息，显著提高了机器运行中稳差故障的识别率。他所研制的多机组在线监测网络，具有预警、故障追忆、远程和智能诊断功能。他的学术成果具有极高的社会价值和生产价值。在科学研究之外，屈梁生还积极编写教材，他所著《机械故障诊断学》填补了我国在此领域的空白，目前仍作为研究生教材在教学一线使用。

作为全国教育系统劳动模范、全国高校先进科技工作者的屈梁生，在教书育人中也是一位作风优良、勤恳耐心的人民教师。作为科研导师，他作风扎实，年过花甲始终在科研一线，比学生来得早走得晚，周末和节假日也时常加班；作为授课教师，屈梁生勤恳耐心，70岁高龄时仍坚持在寒冷的冬夜为学生上课。甚至在他病情加重之时，仍凭借顽强的毅力，一字一字在电脑上敲出《机械诊断的全息谱原理》，并出版成书。

2007年12月7日，屈梁生因病医治无效，离开了他挥洒汗水一生的西北黄土地，离开了敬爱他的交大师生。"前人栽树，后人乘凉，我们这一代人似乎注定要为新社会的建设而贡献自己。"屈梁生一生勤勉，志存高远，力求卓越，共培养98名研究生，在众多顶尖行业和领域发光发热。

一代代交大人高举爱国旗帜，身挺肩扛传扬交通大学优良的治学传统，中国工程院院士蒋庄德曾深受屈梁生教导，与屈梁生老师的一次次深夜讨论让他印象尤为深刻。源远的交通大学治学传统素来对站上讲台的教师要求非常高：一次次试讲，被专家老师们把毛病挑了一遍又一遍，改了又改，精雕细琢后才能站上三尺讲台。这种求真务实争卓越，细节处下足功夫的精神深深地种在蒋庄德心中。

西安交通大学经过几代人的不懈努力，立足实际、守正创新，取得了举世瞩目的建设成就，为把学校建成大师名流荟萃、莘莘学子神往、栋梁之材辈出、文化影响广泛的世界一流研究型大学辛勤耕耘。以最美奋斗者——"西迁人"爱国奋斗先进群体为代表的西部建设者，深深扎根黄土，努力开枝散叶，积极服务国家，推动现代化建设，大步走向世界，展示中国智慧和力量。

周惠久：胸有理论　脚踏实地

周惠久1931年毕业于唐山交通大学土木系；1936年获美国伊利诺伊大学理论及应用力学硕士学位；1938年获美国密歇根大学冶金工程硕士学位。曾任西南联合大学、中央大学、重庆大学、交通大学教授。1958年随校内迁西安，历任交通大学教授，西安交通大学教授、机械系主任、金属材料及强度研究所所长、副校长。1980年当选为中国科学院院士。

周惠久一直从事金属材料、热加工、热处理、材料强度等方面的科技工作和教育工作。他创立多次冲击抗力理论，在低碳马氏体的理论和应用方面作出贡献，并阐明了金属材料强度塑性韧性合理配合的规律性，对我国材料强度学科的建立起了推动作用。

周惠久从事教育事业几十年，为国家培养了众多金属材料方面的人才。1963年他是第一批招收研究生的导师；1979年恢复研究生制度后，他又是第一批招收硕士研究生和博士研究生的导师。周惠久还长期担任全国金相专业教材编审委员会主席，为各门专业课程的教材建设呕心沥血。他还担任过国务院学位委员会委员兼学科评议组冶金、金属材料及热加工组组长。除了培养本科生、硕士研究生和博士研究生外，他还注重科学普及教育工作。

周惠久的教育思想有两个特点。第一是理论联系实际。长期以来，他经常深入生产第一线，积累了丰富的实际工作经验。他总是以身作则，劝勉学生到工厂去，向生产学习，向工人学习。第二是提倡独立思考。他对英美和苏联的两大学术体系有深入的研究，能够汲取两者之所长，摒弃两者之所短。在教学工作中，他善于启发学生不要迷信书本，要从实际出发。他多次亲自指导生产实习，使研究与解决实际问题相结合。

学有所思 ▶▶

在了解交通大学爱国、革命和治学传统的内涵后，你认为弘扬交大传统对于新的历史条件下学校创新发展有哪些意义？对于个人成长，又有哪些启发呢？

研学活动 ▶▶

观看中央电视台播出的《感动中国》节目，学习和了解以感动中国人物为代表的无数奋斗者在平凡岗位上创造非凡业绩，脚踏实地、扎根基层的精神，争做新时代西迁精神新传人。

艰苦创业的精神品格

在中华民族的优良传统中，艰难困苦、玉汝于成的顽强意志，革故鼎新、与时俱进的执着追求一直备受推崇。艰苦是一种客观条件，创业是一种奋斗姿态。艰苦创业就是在艰苦的环境和条件下开拓进取、自力更生、奋发图强。半个多世纪的西迁史和建设史，也是交通大学的奋斗史和创业史，西迁群体破除守成思维、创业"再起航"，成就了中国高等教育史上的一次创举。

艰苦创业是心怀家国的坚定意志。西迁人忠于国家、忠于信仰，党叫干啥就干啥，打起背包就出发，从繁华的黄浦江畔一头扎进千里之外的黄土地。全校70%以上的教师、80%以上的学生、74%的图书资料、大部分仪器设备及全部历史档案迁到西安，在一片麦田里建设起了一座著名学府，开创了西北地区高等教育的新局面。

艰苦创业是敢为人先的远大抱负。交通大学没有因为迁校而晚开一天学、迟开一门课、少做一个实验，把扎实的校风、教风、学风也扎根下来，迅速缔造了办学历史上的第二个"黄金时代"。新时代以来，西安交大跻身"双一流"建设高校，创建西部科技创新港，开启二次伟大创业，探索21世纪中国高等教育发展的新模式。

艰苦创业是浪漫乐观的革命情怀。"哪里有事业，哪里有爱，哪里就有家"，师生们对学校西迁充满信心和热情，他们讲着吴侬软语，将从上海迁来的梧桐树种在校园里，如今已根深叶茂、郁郁葱葱。他们最爱唱的歌是《是革命人永远是年轻》，最怀念的建筑是彰显力学之美的草棚大礼堂，最喜欢听的是彭康校长作报告。

艰苦创业是中华民族值得骄傲的优秀传统。愿新时代的青年能从艰苦创业的精神品格中汲取动力、坚定信念、淬炼勇气、激发豪情，创造属于这一代人的杰出贡献。

第一节 艰苦奋斗的政治本色

　　半个多世纪的西迁史、创业史、建设史和发展史，就是一部不断传承、诠释和实践"艰苦奋斗"的恢弘历史。教育强则国家强，实现中华民族伟大复兴对高等教育的需要，比以往任何时候都更加迫切，高等教育发展也面临着新的历史性机遇。面对党和国家事业发展的需要、高等教育发展的大势，我们更应该重温西迁岁月，发扬艰苦创业、艰苦奋斗的精神，力争在新时代中国高等教育改革发展的新征程中取得新的成绩。

西迁故事

在西迁的伟业中始终保持艰苦奋斗的作风

艰苦奋斗是中国共产党人的本色和优良传统，是在艰苦的环境和条件下矢志不渝、开拓进取、奋斗不止、自力更生、奋发图强、不怕困难、不畏艰险的无畏气概和高尚作风。我们党自诞生之日起，就把艰苦奋斗精神作为自己的鲜明作风，一部党史就是一部党的艰苦奋斗史。在新民主主义革命时期，中国革命斗争之所以能够取得胜利，很重要的一个原因就在于中国共产党人一直保持着艰苦奋斗精神。在社会主义建设和改革开放时期，我们党继续强调艰苦奋斗的重要性。艰苦奋斗，不仅是中国共产党的优良作风，同时也是西迁精神的重要组成部分。

西迁精神中的艰苦奋斗具有丰富的内涵。西迁精神传承和发扬了中华民族自强不息的优秀传统，是优秀传统文化的当代体现。西迁精神继承和发扬了中国共产党人在革命战争年代和社会主义建设时期艰苦奋斗的优良传统，是中国共产党人的精神谱系的重要内容。

迁校工作不因艰苦而停滞。交通大学西迁是从条件比较优越、繁华的上海迁移到地处内陆、经济相对落后、高等教育基础薄弱的西安，在艰苦的环境中开创一番事业，打开新的局面。交通大学迁校之时，教学设施、实验设备陋简，工作条件、生活条件都极为艰苦。西迁"拓荒者"们以"有条件要上，没条件创造条件也要上"的豪情壮志和英雄气概拉开了创业的序幕，走过了一条极不平凡的创业之路，谱写了一曲感天动地的创业者之歌，积淀、形成了艰苦奋斗的西迁精神。

建校初期，野兔在校园草丛中乱跑，半夜甚至能听到狼嚎。冬天教室仅靠一个小炉子取暖，洗脸水要到工地上去端……古城西安虽然艰苦，条件虽然简陋，陌生的环境虽然造成了种种不便，但当地人民群众那种淳朴和发自肺腑的热情感动了所有人。以校园基建工程为例，当时任务重、工期紧，基本是边设计边施工。为了不耽误来年开学，交通大学把基建科全部搬到西安，工作人员就住在工地上的工棚里。工地上有2700名工人在劳动，最多的时候达4000多名。来自四面八方的建筑工人以战斗姿态投入交大的建设，他们自豪地说："我们是为西北工业基地兴建工业大学的！"

1956年交通大学西安校园基础建设

教学工作不因艰苦而耽搁。1957年，在西安交大新生入学典礼上，一位教师的发言令许多师生激动不已，"我是交通大学上海部分和西安部分的教务长，但我首先要为西安部分的学生上好课。"这位教师就是时任交大教务长陈大燮先生，著名热工专家、国家一级教授。1955年中央决定交大西迁时，陈大燮热烈响应，带头西迁，积极撰文宣传西迁的重要意义，虽然当时他已身患糖尿病，但仍身体力行，毅然决定和夫人一起扎根西部，同时出任迁校委员会副主任，协助彭康校长全面推进迁校教学和科研任务的落实、保障，为交大专业教学的稳定和质量的提升作出了重要贡献。作为热工学带头人，他还动员同事一起将教研室完整搬到了西安，为学校热工学科的良好发展奠定了扎实基础。"把知识技能献给人民"是陈大燮的毕生追求，也是他扎根西北的初衷。担任副校长后，陈大燮仍坚守教学一线，号召全校配合国家《十二年科技规划》，他带头开展科学研究，负责学科的建设发展。他指出的工程热力学的两个研究方向，至今仍然是我国工程热力学领域的主要研究内容。由他创建的热工教学团队一直是国家级优秀教学团队。他带领全国知名专家编写了工程热力学、传热学及热工学等课程的教学大纲，出版了相关系列教材，为中国热工学专业教学发展打下了良好基础。

1957年欢迎交大三、四年级同学迁来西安

西迁过程中，像陈大燮教授这样不怕吃苦、不畏艰辛，深深扎根西部为祖国的教育事业作贡献的人还有很多。

令人动容的不仅是交大人在迁校、建校过程中经历的那些艰苦奋斗、迎难而上的日子，还有那种拼搏奋进、排除万难的劲头。交通大学西迁之时，我国已经开启了社会主义现代化建设的历史征程，学校面临最紧迫的问题是如何建设发展，如何改变教育和科学技术双重落后的局面，交通大学肩负着西迁和教育教学改革的重担。为了改革创新，开办新专业，开设新课程，保证和提高教学质量，教师和实验室工作人员常常自己动手改进或自制实验设备。他们没有礼拜天和节假日，加班加点不知熬过多少不眠之夜。西迁过程中一批新的学科专业创办起来，如到西安后迅速成立了无线电系、工程物理系，新建了自动学和远动学（后改为自动控制）专业，发展成立了计算机专业，在全国首先筹办了工程力学专业，与西电公司合作筹建了工业电子学等一系列新专业，取得了丰硕的科研成果。交大师生在开创西迁事业的同时，也锻造了交通大学新的气质，赋予她西北黄土地的质朴和西北人一样的倔强。这种精神气质，既是在艰苦中奋斗的气质，也是在艰苦中创业的气质，更是在艰苦中创新的气质。就像校园里梧桐道上繁茂的大树一样，今日的西安交通大学以其独特的形象挺立在祖国的西部，成为一张亮丽的名片、一道特殊的风景。

未来的事业发展中仍需保持艰苦奋斗的作风。如果说艰苦奋斗是在艰苦条件下完成任务、实现目标的前提，那么交通大学西迁就是将艰苦奋斗的精神发扬到极致。在西迁过程中战胜重重困难，迁校后化解自然灾害的威胁，在极"左"干扰下迂回前进，都曾是十分艰辛的过程。进入改革开放新时期，区域发展不平衡所带来的环境差异、资源瓶颈乃至思想观念上的冲突则使学校遇到更大挑战。在艰苦和复杂条件下学校要获得发展就必须加倍努力。从当年的老教授到今天的交大师生，一代代交大人永葆艰苦奋斗的精神，不断开创事业发展的新局面。"道虽迩，不行不至；事虽小，不为不成。"弘扬艰苦奋斗精神，需要用实际行动去体现。历经60余年的艰苦创业，交大成为西部地区高新人才培养和科教创新的高地，为国家输送了近30万人才，其中40%在西部就业，培养出的30多名院士中有近一半在西部工作。2017年9月，西安交大入选国家一流大学A类建设名单，8个学科入选一流学科建设名单。新时代创造新辉煌，需要从艰苦奋斗的西迁精神中汲取强大的精神动力，破除守成思维，树立"再启航"的创业意识。创业难，兴业更难，再创业是难上加难。保持艰苦奋斗的精神就是要在新的历史条件下时刻有吃苦和牺牲的思想准备，而不能躺在过去的功劳簿上睡大觉，沾沾自喜。

党的十九大报告提出，我国社会主要矛盾发生了变化，这为大学的发展提供了良好的机遇。而中央在解决社会主要矛盾过程中，将重点解决部分地区发展不充分的问题。西安交大被国家确定为我国中西部地区唯一一所以建设世界知名高水平大学为目标的高等学府，因此，在面向国家整体发展战略布局、西部经济社会长治久安、缩小东西部发展差距等重大发展问题方面，西安交大将会发挥举足轻重的作用，获得更多的支持。但是，这些支持不可能自动送上门来，"有为，才能有位"，西安交大人会在劈波斩浪中开拓前进，在披荆斩棘中开辟天地，在攻坚克难中创造业绩，以成绩获得支持。国家的发展时不我待，西安交通大学的发展更须把握大势，顺势而为。"日月不肯迟，四时相催迫。"历史总是要前进的，历史从不等待一切犹豫者、观望者、懈怠者、懦弱者。在这个属于奋斗者的新时代，交大人必将与历史同步伐、与时代共命运，融入国家民族发展的大局，让大学为国家创新驱动发展和社会经济文化繁荣服务，引领社会发展和人类进步，去迎接一个美好光明的未来。

医学教育抗战迁陕八十年

1937年抗日战争全面爆发，国立北平大学医学院心系国家民族大义，迁陕办学、薪火相传，先后在西安、汉中成立西安临时大学医学院、国立西北联合大学医学院、国立西北医学院，成为西北医学高等教育发展的坚强基石。

当年，师生们抱长期抗战之决心，以蜡烛之光点亮民族希望，以坚强步履走向复兴之路，与侵略者进行精神和意志的较量。原北平大学医学院校址于1938年5月被由日伪华北"中华民国临时政府"主导成立的伪北京大学医学院复校开课，学制减为四年制。抗战胜利后，被从原西南联大解散分离的北京大学复校接收，经各期发展，成为现在的北京大学医学部。

国立西北医学院师生们于抗战胜利后要求复校北京，但愿望未能实现，遂服从国家建设发展大局，从汉中迁校西安。1946年8月，国立西北医学院汉中部分并入西北大学，成为国立西北大学医学院，自1946年8月中旬搬迁，历时两月完成迁校，落脚于西安市崇礼路（今西五路，原西北制药厂厂址）。1947年起开始筹建80张床位的附设医院，在学院毗邻新购院址，新建房舍68间。时值解放战争开始，国内形势巨变，物价飞涨，西北大学校长频繁更换，教职员多次致电国民政府要求增加经费以便建设和维持正常发展。西北大学为医学院另聘全国著名教授多未到任。在侯宗濂院长1947年5月辞任前，医学院教师计有教授等30余人。

1948年11月中旬，国民党第一战区司令长官胡宗南到西北大学面示杨钟健校长，命令学校迁往四川成都。因全校师生拖延、迟滞、护校，使国民党迁校图谋未成，最终迎来1949年5月20日西安解放，西北大学被军事接管。

1949年10月1日新中国成立；1950年4月28日，西北军政委员会令，决定将国立西北大学医学院独立设置，改为国立西北医学院，任命侯宗濂为代理院长；5月3日，中央人民政府教育部批复并决定：西北大学医学院从西北大学分出，成立西北医学院，医学院迎来新的发展阶段。

1954年9月1日大区级撤销，教育部委托中央卫生部管理，1956年9月改称西安医学院；1958年6月划归陕西省高教局领导；1978年1月隶属国家卫生部，实行卫生部和陕西省双重领导、以卫生部为主的领导体制；1985年6月改称西安医科大学；2000年4月和西安交通大学、陕西财经学院合并组建新的西安交通大学，成为西安交大重要组成部分。

医学教育抗战迁陕80余年来，走出的毕业生遍及海内外，为人类健康事业建立卓越功勋，成为永远扎根建设大西北的先行者，其伟大的爱国主义精神和抗战精神辉映人间，激励着后来者继续努力，创造更加辉煌的未来。

三校合并前的财经教育发展路

翻开三校合并前的陕西财经学院的建设发展史稿，可以看到自1929年至2000年4月的71年间，陕财及其前身几度迁转、数次分合，但始终以专门财经人才的培养为主旨，在坎坷中求进步，在曲折中谋发展。

1928年，国立北平大学创建商学院；1929年，国立北平法政大学并入国立北平大学，并建立国立北平大学法商学院。抗日战争期间，法商学院内迁陕西。1949年，法商学院保留经济系、商学系，与陕西省立商业专科学校合并建立西北大学财经学院。1954年，西北大学财经学院改为西北大学经济系。1960年，以西北大学经济系为基础成立陕西财贸学院。1962年，陕西财贸学院和西北政法学院裁并成立西安政治经济学院。1963年，西安政治经济学院撤销，成立西北财经学院。1972年，西北财经学院撤销，成立陕西省财经学校。1978年，更名恢复陕西财经学院。2000年，原西安交通大学、西安医科大学、陕西财经学院合并，组建成新的西安交通大学。

这71年的历史不算厚重，但足够感怀。

从1929到1960年，这风雨飘摇的31年，是陕财独立建院前的历史沿革，实现了从半封建半殖民地制度下的旧院校向社会主义制度下的新型院校的逐步转变，积累了开展财经高等教育的宝贵经验并终获独立。

从1960到1978年，这曲折前进的18年，是陕财独立建院后所历经的独合分撤，虽然命运多舛，但坚持进行了财经类高等院校办学实践的有益探索并终得恢复。

从1978到1990年，这恢复重振的12年，是陕财在中国人民银行行属支持下的新开端，发展规模稳步壮大，办学条件逐步改善，学科层次有所提升，步入了一个新的平稳发展阶段。1982年，陕财首批硕士点获得国务院学位委员会批准，分别是工业经济、财政、金融、统计4个学科。1985年，贸易经济、工业财务会计、物资经济3个硕士点获批。1986年，陕财首个博士点获批，即货币银行学博士点，次年开始招生。1986年6月，学院开展首次科研成果评奖活动。同年，成立了经济研究所，把分散封闭型的科研活动转为集中、联合开发型的研究实体。至 1988年第五届科学讨论会召开前，学院已先后完成专著、教材、论文、译文等1142项，其中近100项科研成果获得中央部委和省市社会科学优秀成果奖，仅1985年一年就获得部委奖3项、省社会科学优秀成果奖11项。

从1990到2000年，这快速发展的10年，是陕财人团结奋进下的新篇章，按照"超常规运行、跳跃式发展"的思路，抢抓机遇，办学条件显著改善，建设发展再上新台阶，基本具备了全国一流财经大学的水平。"八五"期间，陕财根据建立市场经济体制的需要，加强了重点学科和重点课程的建设，调整改造了一批老专业，增设了一批适应需要的应用学科和新兴专业，获准开办了注册会计师专门化方向（1994年），是全国17所有权开办该专业的高校之一；选拔了3名有突出贡献的中青年专家和22名中青年教学骨干（1993年），完善了老中青相结合的师资梯队；实行了浮动学制（1994年）；获准增设了商业经济博士点和西方经济学硕士点（1993年），获得了研究生单独考试及学位授予权（1995年）。通过改革，学院的教育结构更加合理，教育质量进一步提高。"九五"期间，学科建设进一步加强，成效更为显著。尤其是在1998年，学院实现了博士后科研流动站零的突破，新增了西北地区唯一的一个应用经济学博士后科研流动站；获准增设会计学博士点，经济法学、管理科学与工程2个硕士点；取得了在职人员以同等学力申请硕士学位授予权、国家经贸委和陕西省MBA办学招生权。

在三校合并前的71年中，陕财及其前身相随于国家政治、经济、教育环境的发展与改变，累计为国家培养输送财经专业博硕本专毕业生两万余名、函授夜大毕业生万余名，培训学员近两万名。

学有所思 ▶▶

曾有西安交通大学的校史专家提出这样一个令人深思的问题：如果当时(交通大学)迁不动，不迁了，迁来的从西安退回去，也可以继续办出一所高水平、有实力的大学，但其精神和气势就完全谈不上了。即使这样的大学办得好，意义又何在？

研学活动 ▶▶

参观西安交通大学西迁博物馆，深入了解西迁过程中克服的种种困难，学习老一辈"西迁人"身上所展现的艰苦奋斗作风，想想自己如何在以后的学习生活中弘扬艰苦奋斗的精神。

第二节　实事求是的科学精神

　　为国家民族去开创崭新局面，在艰苦奋斗中赢得未来发展，正是举校西迁的根本动力所在。从这个意义上讲，勇于开拓奋进、实事求是的"西迁人"群体是至为可敬的。在西安交通大学的建设和奋进中，有一群学者教授为了国家之需和民族发展，刻苦钻研、实事求是，终成大器。先生之风，山高水长，让我们在本节一起去体悟先生们实事求是的科学精神和不畏艰难的奋斗历程。

西迁故事

孟庆集：挺身而出迎国之需，刻苦钻研报国之情

1980年《人民日报》两次报道了西安交大一位中年教师——孟庆集，以及他"在和外国厂商技术谈判中显才能——分析质量事故有理有据"的事迹。随后，还是讲师的孟庆集破格晋升教授，成为中央关于人才选拔与知识分子政策落实的重要"破晓者"。

孟先生这次谈判为什么会产生如此的影响力呢？今天我们就来讲讲这位西迁老教授孟庆集先生的故事。

孟庆集先生1956年从交通大学动力系毕业留校，任教涡轮机专业，之后随校西迁，专门从事涡轮专业强度教学研究。

1978年，我国从法国引进的三套大型化肥成套设备，其中南京一套设备的一个关键汽轮机高压转子连续三次发生叶片断裂事故，每次事故都带来四五十万元的经济损失。我国与国外设备制造厂商就赔偿问题进行谈判，当时国家这方面的专业人才很少，很难找出既有勇气又有能力的人担任我方技术主谈，孟庆集先生一听，这正是他的研究方向，便立即接受了这项任务，代表国家坐到了谈判桌前。

一开始，法国厂商搬出权威，用德国特劳培尔的强度理论和计算方法得出所谓的"科学结论"：事故是叶片附件的技术性问题，与他们无关。孟庆集出具事故发生时机组仪表显示的振动曲线和留在轮槽内的叶片根部断口两份客观证据，证实"叶片断裂的根本原因是设计缺陷，而非技术性原因"。法方在赞许孟庆集对事故客观数据分析的同时，坚持只遵循特氏计算方法。用特氏计算方法说话，孟先生对这次谈判更有自信了。他用对方所崇奉的特氏计算方法，连夜计算事故的实际数据，并把对方提出的问题归纳成八个方面，在现场逐一作了

反驳，全面论证了"事故完全是由设计缺陷造成的"这一科学论断，令法国厂商哑口无言。谈判结束时，对方代表坦率地称赞"孟教授对事故的分析是清楚的，符合实际的""我们对特氏著作的了解没有孟教授多"。最后，对方同意为我们重新设计制造设备。

在孟先生的主导下，三天的谈判成功为我国挽回了六百多万法郎的经济损失。这次成功看似偶然，但其实运用任何知识都是厚积薄发的过程，孟先生也一直将此次成功归于交大深厚而严格的专业教育。他说："交大专业基础课的主讲都是中年以上的成熟老师，师资非常强，训练也很严格。"孟先生在其老师的指导和要求下，利用课余时间辅修了德语，花大气力仔细研究了特劳培尔《热力透平机》，这正是他此次谈判和之后科研的成功之源。

陈季丹：我国电介质物理课程的开创者

陈季丹先生1906年2月26日出生在一个世代耕读之家，幼年在家乡读私塾，1924年毕业于扬州第八中学四年制班，同年考入上海南洋大学（交通大学前身）。大学毕业后，曾任上海第三短波无线电台台长兼工程师、芜湖短波无线电台台长兼工程师。1930年陈季丹先生赴英国留学，在孟却斯德大学（曼彻斯特大学）从事液体介质在高频阶段中损耗测量的研究，并于1934年获得硕士学位。次年回国，先后任交通部上海真如国际电台工程师、湖南大学电机系教授，第二年于国立武汉大学电机系任教授、系主任。1945年任交通大学电机系教授并担任校学术委员会委员，同时兼任大同大学、上海市立二专、中国纺织工学院教授。

在我国社会主义工业化和教育事业有发展需要的时候，陈季丹先生毅然放弃了原来熟悉的无线电专业，创建了我国第一个电器绝缘与电缆技术专业，开设了我国从来没有过的电介质理论新课，并任教研室主任。他所教的课程理论性较强，为了帮助学生理解，他常常想方设法到各处借仪器，争取在课堂上进行直观的示范演示。每次课外答疑，他都会与辅导教师一起参加，而碰到课外答疑时间与听专家课或会议时间冲突，他一定要补足答疑时间。在实验前，他会亲自检查准备工作做得怎样，为了准备新实验，晚上忙到到十一二点以后才睡觉是经常的事。每次生产实习，他都会做深入的调研，还会亲自带领学生参与实习。在考试前夕，他也亲自为学生安排温课计划并进行辅导。

1955年，中央决定交大西迁，他积极响应党的号召，支援大西北建设，对待迁校，不但自己坚决去，更积极动员说服其他同志，到其家中访问，了解他们在迁校中遇到的困难，1958年带头将全家及全教研室人员与设备一起迁来西安。这时的他在工作上更加勤奋负责，刻苦钻研业务，不断探索新路子，对新开的电介质物理课程，从教学内容到教学方法，进行了很大改进。在他的"要把自己的全部知识，传授给青年"的诺言下，学生的学习成绩得到明显提高，青年教师茁壮成长，各方面取得较好成绩。20世纪60年代初期，在他领导下，新成立了绝缘材料研究室，为国家培养出第一批绝缘材料方面的研究生。他急国家之所急，奋发图强，带领全教研室同志大搞科研，猛攻尖端，设计试制成我国第一台33万伏超高压套管和第一根33万伏超高压电容式充油电缆。因为成绩突出，他1956年被评为校级先进工作者，1960年代表教研室先后出席陕西省和全国文教群英会。

陈季丹先生从事电介质理论的教学与研究工作40余年，首批获准成为博士研究生指导教师，是我国电介质理论的开创人之一。几十年的教学生涯，为国家培养了大批专业技术人才，他的学生很多都成为电气绝缘专家，他的名字和事迹也被载入《辞海》（上海辞书出版社）。他在晚年常以"老骥明知夕阳短，不用扬鞭自奋蹄"勉励自己为祖国多作贡献，虽年高体弱，但仍参加教材的部分编写、审稿以及一些学术活动。

陶文铨：对每一双求知的眼睛负责

陶文铨院士是交大西迁后第一批到西安报到的学生。他是国际数值传热学领域鼎鼎有名的引领者，长期从事传热问题数值预测及传热强化研究。他常说自己是一个"80后"，希望能健康地再为祖国建设工作20年。

1979年8月的一个下午，学校图书馆里一本英文版的《计算方法》为陶文铨开启了数值计算的大门。他用了两个星期的时间，写下了受用终生的两本自学笔记，踏上了计算传热学的漫漫求索之路。

1980年，41岁的陶文铨到美国明尼苏达大学进修。"当时我就像一块干海绵被放进了海洋里，拼命地汲取知识的水分。"回国前，他用大部分积蓄买了书籍资料和磁带。这些资料和听课笔记，他都无私地与国内同行共享。

"师者，所以传道授业解惑也"，年逾八旬的陶文铨院士拥有许多闪亮的头衔，但他最喜欢听的依然是那一声"陶老师"。从1966年研究生毕业留校任教算起，陶文铨在讲台上已经度过了50多个春秋。

"不能耽误学生的一堂课。"陶文铨这样说，也数十年如一日地坚持着。一次，为了不耽误学生的课程，正在英国利物浦大学访问的陶老师，特意提前归来，从机场直接赶到教室给同学们上课。甚至，他上午刚做完白内障手术，下午就回去上课。

如果要上陶院士的数值传热学课，可得做好心理准备。300人的教室，不提前半小时去，是占不到位置的，不少同学前来旁听，甚至有同学自备小马扎坐在过道上听课。同学们说："听陶老师的课，总让人如沐春风。课堂上他风度翩翩，一口流利的英文，把原理讲得深入浅出，让我们再也不用担心挂科。""哪怕就为了欣赏一下陶老师的板书，也愿意去上他的课。""他上课的时间控制那叫一绝，常常这边话音刚落，那边下课铃声就响了。"这就是大师的课堂。

　　桃李不言，下自成蹊。他坚持"不能耽误学生的一堂课""对几百双渴望知识的眼睛负责"，听过他课程的学生超过12000人。他指导的学生中涌现出1位中国科学院院士、1位国家级教学名师、2位长江学者、5位国家杰出基金获得者、4位教育部新世纪人才。陶老师曾获得"党和人民满意的好老师""最美科技工作者"称号。学生们从陶老师身上学到了勤奋："老师只要不出差、不开会、不上课，都会在办公室里。只有大年三十才早点回家。"学生们学到了严谨："讲了几十年的课，上课前都要认真备课。特别是作报告前，至少要练四到五遍。老师说，尽量不要浪费人家的时间。"学生们学到了敬业："老师的教案每年都重新写，每次都要更新15%到20%的内容，安排本科生答疑时，每次都坚持自己去。"学生们学到了踏实："老师常说，饭是要一口一口地吃，文章是要一个字一个字地写，实验数据是要一个一个地取得的，什么事情都不能一蹴而就，做研究更不能急功近利。"陶老师不但教给学生学识，更是将实事求是的科学精神镌刻在三尺讲台，用言传身教留给同学们受用一生的品德。

网络化系统工程团队：
把五星红旗插在基础研究制高点上

"三秦楷模"西安交通大学网络化系统工程团队成立于1996年，组建以来聚焦能源电力系统的安全优化、网络信息安全等国际学术前沿和国家急需的关键领域，不断攀登科研高峰，解决了多个国际公认难题，是新中国知识分子爱国奋斗、无怨无悔的先进典范。

历史的车轮驶入20世纪90年代，步入改革开放的中国，在电力系统安全优化、网络信息安全技术等关键领域急需大量的高层次人才。听到祖国的召唤，正在美国留学的系统工程学者管晓宏毅然放弃美国多个企业的优厚待遇，选择归国任教，到祖国大西北发光发热，"祖国的召唤就是我们的方向，国内条件虽然艰苦，但正在发生翻天覆地的变化。能为祖国贡献一份力量，是时代给予我们的宝贵机遇。"

网络化系统工程团队

回国后，管晓宏领衔组建了西安交大网络化系统工程团队，新鲜的血液不断注入。2012年，刘晓明以硕博连读研究生的身份加入团队，"我从老师们身上深深体会到知识分子与祖国同呼吸共命运的强烈责任感。受他们影响，我也放弃了高薪工作，选择留在西安交大，从一名普通讲师做起，把祖国装到心里，把自己放到祖国最需要的地方。"

科学研究难，基础研究的突破更是难上加难。没有任何经验可以借鉴，没有成熟的数据可供参考。大家在摸索着前行，在跌倒后爬起，夜以继日地建模型、计算、讨论、找问题……一次次失败、一点点突破。经过5年的持续攻关，针对大规模网络化系统的优化问题，团队提出了系统优化、物理安全与信息安全的新理论与新方法，解决了这一领域被世界公认的瓶颈难题。

青春，是用来燃烧的。从28岁背着挎包登车西迁的胡保生，到40岁毅然回国的管晓宏，再到31岁博士毕业留校任教的刘晓明，时空从未阻断他们青春前行的脚步。从1956年交通大学师生慷慨西行，扎根黄土地，滋养出西迁精神以来，团队中的三代人薪火相传，不断燃烧着青春，照亮了后人前行的路，才使得西安交大系统工程学科从无到有，从跟跑、并跑到领跑，将五星红旗牢牢插在基础研究制高点上。

"中国要发展强大，就必须掌握国际科技话语权，在世界级的科研成果、关键核心技术和专利上取得突破，时不我待，必须全力奔跑。"急国家所急，前瞻做好基础研究，是科研工作者义不容辞的责任！他们奋斗在科技创新一线，一腔热血报国为民，生动地诠释了"爱国就要奋斗，奋斗为了爱国"的伟大真理，彰显出"爱国、报国、兴国"的高尚情怀，"幸福都是奋斗出来的""奋斗本身就是一种幸福""只有奋斗的人生才称得上幸福的人生"。60年，三代人，一个团队，用生动的实践诠释了这三句话的深刻内涵。

学有所思 ▶▶

学习大师精神，铭记报国初心，为祖国的科学事业鞠躬尽瘁，将个人理想自觉融入国家发展伟业。通过这一节的学习，我们对实事求是的科学精神有了一定了解，作为新时代的青年学子，应该如何在时代的发展中发光发热呢？

进入21世纪以来，全球科技创新进入空前密集活跃的时期。科学技术从来没有像今天这样深刻影响着国家前途命运，从来没有像今天这样深刻影响着人民生活福祉。观看中央电视台《最美科技工作者》系列节目，碰触前沿科学技术背后的温度，感受我国的科技奋斗者勤于创造、勇于奋斗，努力在全面建设社会主义现代化国家新征程上创造新的时代辉煌、铸就新的历时伟业的精神。

第三节　开拓创新的进取精神

中华人民共和国的成立，是中国共产党带领广大人民完成的一次史无前例的创新大业。新中国，新纪元，新气象，中央人民政府对旧社会的政治、经济、文化、教育实施了全方面改造。革故鼎新的精神，激励着交大人勇立时代潮流之先，不断创新，建设西部，报效国家。交大人革故鼎新，特别是广大"西迁人"，坚决服从党的号召，主动面向西部开发，以不懈的自我革命、自我创新精神，坚持献身西北，以产出源源不断的科技成果和造就高水平的专业人才，践行"全心全意为人民服务"的使命担当，为西部建设、为国家发展，奉献了自己的力量，也交上了圆满的答卷，结出了丰硕的创业果实。

挑战权威，破解百年世界难题
——双剪统一强度理论创建者俞茂宏

2016年，一条"西安交大俞茂宏教授急聘秘书"的微信在朋友圈广泛转发。83岁的俞茂宏教授突发眼底黄斑病变，无法阅读和写作，老人多年的学术成果无法及时总结。在社会各界的帮助下，俞茂宏完成了《统一强度理论及其应用（第二版）》《统一强度理论简介》等专著，并在世界级科技出版集团Springer以及CRC出版社顺利出版。

俞茂宏生于1934年，浙江宁波人，1955年毕业于浙江大学土木工程系，毕业后进入交通大学任教。1956年随校西迁。

俞茂宏教授

1959年，俞茂宏开始从事塑性屈服准则和强度理论的研究。他在参与学校塑性力学教材编写时，发现"材料强度实验中得出的某些结果与当时权威的强度理论无法匹配"，这也是困扰国际强度理论学界的百年难题。繁重的教学任务之外，俞茂宏单枪匹马向国际权威理论发起挑战，开始了破解世界性难题的探索之路。

当时学术界有一种普遍观点，作为经典力学的分支，强度理论已发展得较为成熟，想要得出统一的强度理论是徒劳的。1901年，工程力学领域的权威学者、德国哥廷根大学沃伊特教授曾直言不讳地指出："强度问题是非常复杂的，要提出一个单独理论有效地应用到各种建筑材料中是不可能的。"1953年，美国著名力学家铁木辛柯也重复了这一论断，就连1985年《中国大百科全书》也指出，要提出一个适用于各种材料的统一强度理论是不可能的（2009年第二版已删除该结论）。

本着对学术与学生负责的态度，1961年，俞茂宏在论文《各向同性屈服函数的一般性质》中第一次提出"双剪"概念，并推导出"双剪屈服准则"。但那时，双剪屈服准则是只能适用于金属类材料的强度理论。俞茂宏回忆，由于特殊历史原因，加上基础理论研究在当时并不被看好，他在1961年就推导出的双剪屈服准则一直没有正式发表。

"那薄薄的4页纸（论文稿），是在德国'转机'后才飞去了英国。"1981年，时任西安交大机械零件教研室主任曹龙华赴德国公干之际，将论文带给在德国斯图加特大学进修的同事李中华（现供职于上海交大），然后由李中华代为向国际学术期刊投稿。

几经辗转，1983年，俞茂宏的论文《双剪应力屈服准则》（英文版）在英国《国际机械科学学报》上正式发表，这一原创性理论的第一次公开亮相就走入国际学术视野。彼时，距俞茂宏首次提出"双剪"概念，已过去22年。

论文发表后，迅速引发了国际学界关注。英国塑性理论的权威希尔曾就文章提出的公式进行评论，《国际机械科学学报》编辑部在转达论文评审意见中认为："'双剪'的概念没有听说过，光这一条就值得发表。"

1985年，俞茂宏又首次提出适用于岩土材料的"广义双剪强度理论"。

1991年，第六届国际材料力学性能会议在日本京都召开，俞茂宏正式发表统一强度理论，将各种单一的准则和理论发展为统一强度理论，破解了"沃伊特－铁木辛柯难题"，逐步在中国本土产生世界超一流的创新成果。

1992年，他的学术专著《强度理论新体系》，在新加坡华侨林大芽的资助下付梓出版。此后，统一强度理论的学术观点在国内学界才得以逐步推广并获得认同。

至今，由他发展建立的双剪理论及统一强度理论不仅可以解释塑性材料的屈服破坏，也可以解释材料的拉断破坏、剪切破坏、压缩破坏和各种二轴、三轴破坏，适用于金属、混凝土和岩土等各类材料。力学基础理论的突破大大拓宽了工程设计的边界。据统计，应用双剪及统一强度理论能将结构极限承载力最大提高33%。在三峡船闸高边坡的塑性区研究、上海世博会地下变电站工程分析等国家重点工程项目设计中，都能找到这一理论的强力支撑。

困扰强度理论研究领域百年的世界难题终于被破解！国家最高科学技术奖获得者、前国际岩石力学与工程学会副主席钱七虎院士评价："在强度理论发展史上，统一强度理论是一个里程碑。"维基百科"塑性力学"英文条目中引用的唯一中国人的文献就来自俞茂宏的著作。

今天，双剪理论和统一强度理论已被写入《工程力学手册》《中国水利百科全书》等320多种学术著作和教科书中，这个由中国人创立并命名的理论已经得到国际力学领域的公认。

俞茂宏，一个皓首穷经的交大学人，用60余年的虔诚与坚守，推动中国的强度理论研究水平跻身世界前沿！

拓展阅读

一手老茧做学问
——"中国3D打印之父"卢秉恒

　　2015年8月21日下午，国务院第一会议室变成"教室"，主讲人是一位70岁的白发院士，而"听众"则是国务院总理、副总理、国务委员，以及各部部长，央企、金融机构的负责人。这是中国工程院院士、西安交通大学教授卢秉恒在中共中央政治局常委、国务院总理李克强主持的国务院第一次专题讲座上，讲授"先进制造与3D打印"。

　　卢秉恒1967年大学毕业后被分配到河南三门峡中原量仪厂，先干了5年车工，又被调到工厂所属的家属分厂，一干又是5年半。1979年，34岁的卢秉恒考入西安交通大学，成为机械制造专业的硕士研究生，三年后又读博士。从此，他的人生历程进入了一个崭新的阶段。

　　卢秉恒的导师是著名教授顾崇衔。顾先生早年留学美国，很早就接触到了西方的一些新工艺、新思想，并且非常重视实践。1987年，卢秉恒博士毕业，正值国家酝酿计算机/现代集成制造系统（computer/contemporary integrated manufacturing systems，CIMS）研究，学校接到这个项目的会议通知，顾先生让他去开会。他当时不知道什么是CIMS，就不想去，顾先生说："你去了不就什么都明白了吗？"一接触，才知道是搞自动化制造的，卢秉恒把消息带回学校后，学校组织力量对CIMS进行技术攻关，取得了不小的成果，使西安交大成为CIMS的第一批网点单位。

　　卢秉恒率领团队竞争快速成型技术的课题时，起初并不占明显优势。后来，他们虽然拿下了课题，但包括主管部门评审专家在内的很多人心里依然七上八下。正是卢秉恒在工厂车间磨出的一手老茧让科技部的评审专家定了心：这样的教授，准能做成事！

历经20多年，卢秉恒带领团队从零做起，一路成长为国内快速成型技术领域当之无愧的领军人。2005年，卢秉恒当选中国工程院院士，他的科研团队研究成果"滴灌灌水器基于迷宫流道流动特性的抗堵设计及一体化开发方法"获国家技术发明二等奖。

卢秉恒研究的3D打印是一种快速成型技术，它实现了制造从等材、减材到增材的重大转变。

1992年，卢秉恒赴美做高级访问学者。在一次参观汽车模具企业时，他首次看到快速成型技术在汽车制造业中的应用，他敏锐地意识到这一技术的先进性。他响亮地提出，中国完全有能力自主开发这种机器。当时，美国也只在6年前才做出第一台样机。

1993年回国后，卢秉恒带着4个博士生在简陋的实验室开始了艰苦的研发历程。"当时对快速成型只有概念，没有任何资料，只能通宵达旦一遍遍做实验摸索。"西安交大机械学院教授赵万华亲历了当年光固化激光快速成型技术研发的日日夜夜。条件艰苦，他们经常骑着三轮车满西安市找机械厂加工关键部件，常常被实验用的材料熏得眼泪鼻涕一大把，但大家都很拼，一心要做成。

当时，科研资金是攻关的拦路虎。卢秉恒大致算了一下，没有100万元是不行的。卢秉恒出国前有六七万元科研经费的剩余，后来又找学校支持了2万元，但这显然是杯水车薪。怎么办？只能自力更生。卢秉恒带着博士生自己开发软件、研发设备，除了买到的一些机械零配件，其他像动态聚焦镜、聚光镜等，几乎都是他们自己动手做出来的。开机床自己做试件，更是经常的事。曾经有工人看到卢秉恒做的试件，惊叹说这水平绝对达到了五级工。

"我很感谢在工厂的那段经历，也得益于手上的老茧，让我们申请到了国家重点科技攻关项目250万元的资助。"卢秉恒说得轻松，可有多少人知道，那布满老茧的双手背后，是面对资金短缺等诸多困难仍一心要做成事的执着与坚韧，是夜以继日的艰苦奋战和一分一文的精打细算，是攻克数不尽的艰难险阻后最终如期摆在考察组面前的快速成型样机。

　　1997年底，卢秉恒承担的攻关任务提前完成。他们陆续研发的设备，均处于国内领先地位，达到国际先进水平。通过企业化运作，如今全国已经建立创新服务平台20多家，创新人才培养基地近10家，为2000多家企业提供新产品创新创意设计及快速制造服务。卢秉恒逐渐成为我国从事快速成型与制造技术的知名专家和带头人之一。

　　卢秉恒说："我做课题有个原则，凡是别人做过的，我就不做了。专找别人没挖过的矿挖。""制造技术创新，不但需要理论素养，更需要工程实践能力与坚持的韧性。"卢秉恒不赞成为了论文而论文的研究方式。他认为，论文不只要写在纸上，更要写在产品上，写在装备上。他带学生就要求两点：要有新思路，自己动手干。

　　2013年，按照卢秉恒的提议，西安交大机械学院开始实施"制造装备行业领军人才计划"。学生在学校学课程做课题，到企业做工程实践，还要到国外大学进修，甚至到国外企业工作。卢秉恒说："我们学校不止要做'工程师的摇篮'，更要培养国家和企业急需的行业领军人才，理论知识、企业实践和国际视野均不可或缺。"

　　我国3D打印研究起步并不晚，在航空航天和医疗领域的3D打印技术应用上，我国还走在世界前列，但产业发展太慢、企业规模不足。卢秉恒认为，当下最要紧的任务是做好国家层面的协同创新，让企业成为投资研发、应用成果、集成创新的主体，引导资金更多流向实体经济、先进制造业。

　　"聚一束神光，熔女娲晶石，绘天下神奇，鼎中华辉煌"，这是卢秉恒写的一首诗，形象地描述了3D打印把激光或者是电子束聚在一点上，把难熔的金属、陶瓷都熔化了，然后就会出现神奇的景象。在平凡的岗位上做平凡的事情，要耐得住寂寞，有执着精神和韧劲，才能成为平凡岗位上的不平凡者。

学有所思 ▶▶

在了解了"西迁人"开拓创新的科研精神后，你认为作为新时代的青年学子，应该如何传承这份进取之心呢？

研学活动 ▶▶

走进西迁博物馆观摩俞茂宏教授的手稿和学术著作，感受学术的严谨；观看中央电视台播出的《开讲啦》"智慧中国"系列节目，感受中国科学家的创新与拼搏，传承好西迁精神。

第六讲

做西迁新传人

2020年4月，习近平总书记在陕西考察时，曾来到西安交通大学，勉励广大师生大力弘扬"西迁精神"，抓住新时代新机遇，到祖国最需要的地方建功立业，在新征程上创造属于我们这代人的历史功绩。

做西迁精神的新传人，谱写落实习近平总书记重要讲话精神的新篇章。习近平总书记讲话是我们做好一切工作的基本思维建设。一是通过学习重要讲话，将传承西迁精神与增强政治意识、大局意识、核心意识和看齐意识相结合，做到政治上坚定自信、思想上同心同向、行动上高度自觉，保证我们的队伍始终向中央看齐，及时跟进中央要求、维护党的团结统一。二是通过学习重要讲话，将传承西迁精神与科学理论武装相结合，深刻理解和准确把握共产党执政规律、社会主义建设规律和人类社会发展规律。三是通过学习重要讲话，将传承西迁精神与投身强国伟业相结合。积极引导青年学子不怕困难、勇于开拓、顽强拼搏，勇于到条件艰苦的基层、国家建设的一线、项目攻关的前沿工作。经受锻炼、增长才干，确保在党和人民需要的时候拉得出、上得去、打得赢，为中华民族的伟大复兴作出卓越的贡献。

做西迁精神的新传人，为西部的追赶超越发展作出新贡献。没有西部地区的现代化，就没有全国的现代化。没有西部的小康，就没有全国的小康。追赶超越，是党中央对陕西的殷切希望、战略部署。一个没有艰苦奋斗精神作支撑的民族，是难以自立自强的；一个没有艰苦奋斗精神作支撑的国家，是难以发展进步的。西迁新传人要完成好西部追赶超越发展的任务，就要把脚踏实地、埋头苦干、不畏艰难、开拓创新的优秀品质内化为师生自强不息、奋勇前行的强大精神动力。

有梦想、有机会、有奋斗，一切美好的东西都会创造出来，这就是对西迁精神最好的继承。在以爱国奋斗为主要内容的西迁精神感召下，一大批西迁新传人及知识分子投身报国建国强国的伟业中，将个人的理想和前途与国家民族的命运和未来紧密地联系在一起，以西迁前辈为榜样，主动担当，积极作为。站在新的历史起点上，我们按照习近平总书记关于弘扬爱国奋斗精神的重要指示，不忘初心、牢记使命，进一步传承好西迁精神，做新时代的奋斗者，为实现"两个一百年"奋斗目标、实现中华民族伟大复兴的中国梦贡献力量。

第一节 以爱国为立身之本

"家是最小国，国是千万家"。爱国主义是中华民族精神的核心；家国情怀是中华儿女青春的底色。在社会主义事业的建设过程中，我们更是谱写了无数脍炙人口的家国篇章。前人的爱国之歌余音绕梁，然而如何传承和发扬伟大的爱国精神，才是最为重要的时代命题。

西迁故事

一心做学问
——林宗虎与"林氏公式"

  林宗虎是浙江湖州人，跟随交大动力系来到西安时，只有24岁。但要不了多久，人们将看到一颗技术巨星的升起。

  在那个工业堪堪起步、渴望动力技术的年代，林宗虎带队设计出我国第一台直流锅炉。

  尔后还有一个又一个"率先"，包括提出享誉全球的"林氏公式"，建立国际上第一个脉动流动沸腾传热计算式……

  1951年，林宗虎考入交通大学机械工程系，大三时被分到锅炉专业，由此与锅炉结下了不解之缘。

  百废待兴的国家工业，正等待着这些年轻人的到来。

  林宗虎曾在很多场合强调，"创新要结合国家社会发展需要"。说起来，这里面还有一段故事——

  1957年，"向科学进军，建设大西北"的学界征程，正如火如荼。从上海出发的列车上，林宗虎手持粉色"乘车证"，跟随交大动力系，跟随恩师陈学俊，一同奔向西安，加入刚刚组建的西安交通大学，也由此拉开了与古城的半世情缘。

  20世纪70年代中期，我国正在研究30万千瓦直流锅炉，其核心部件"汽水分配装置"，需要测量分配器各分管中的气液两相流流量和含气量，虽然测量方法很多，但诸多计算式只能用于单一流体和单一压力。

  林宗虎决心要搞一个通用公式。

查资料，做实验，反复研究论证……历时三年，林宗虎建立了国际上第一个通用两相流体计算式。1982年，经补充实验验证后，在国际权威杂志《国际多相流》上发表。

这一计算式，就是后来享誉全球、被广泛应用的"林氏公式"。

也是同一时期，林宗虎以讲师身份到美国迈阿密大学做访问学者。对于来之不易的机会，林宗虎格外珍惜，两年时间里工作学习经常持续到夜里12点，其间共发表了8篇论文，被美国同学称为"论文机器"。

但也正是那段时间，他通过72卷实验录像、摞成半米高的实验数据，为其脉动流动传热式的研究成功，打下了坚实基础。

国外学者曾评价其为"具有国际水平的活跃研究者""中国研究两相流与传热首屈一指的专家"……

据他的学生回忆，但凡有同学遇到研究问题，林宗虎都会参与讨论，启发思路。"一心做学问的林先生，从未与人争任何东西，做人做事非常开怀。"

林宗虎曾说过，"时间对每个人都是公平的，只有勤奋不辍的人才能收获丰硕的果实。"从1987年至2015年，他共发表论文150余篇，出版著作20多本，包括锅炉著作7本、传热著作4本、测量著作5本、两相流体力学著作6本……即使临终前几日，他还在校对编写锅炉手册。

留白补白正当宜，此处无声胜有声
——西迁新传人冯宗宪

冯宗宪，经济与金融学院教授、博导。1986年来校工作至今,长期承担国际贸易课程教学任务。

独特教学理念：借喻山水　留补相宜

宋代马远创作山水画《寒江独钓图》：一老翁俯身垂钓，一扁舟船身稍斜，一细笔寥寥水波，一画面四处留白，这是绘画艺术；明朝张岱创作散文《湖心亭看雪》：一痕长堤，一点湖心亭，一芥扁舟，两三粒舟中人，一白天地山水，这是文学艺术。虽然这些只表现山之一角或水之一涯，但是对复杂的景物进行高度概括，重点突出，层次简单，注重取舍，有深刻的认知空间探究。

以现代教育思想和教学理念为指导，吸收中国古代教育精华，借用国画和书法艺术，冯宗宪提出"科学留白、创新补白"的教学理念，以留取空白构造想象和发展空间。教学是一种开放性、多向性、跨文化的信息交流活动，既有空间性，也有时间性，包括未知和已知，动态变化，与时俱进。将"留白"理念用到教学改革当中，就是要强调在这个活动中教师的作用"不在于全盘授予，而在于相机诱导"。教师要讲究留白的艺术，构成课堂教学的"阴晴圆缺"，以期引起学生的注意力，激发他们学习的兴趣，让学生在求知的过程中能动地去探索、思考和发现。让学生的主体意识在教师留下的空白里得以充分发挥，从而提高课堂教学效率。

冯宗宪认为，在教学实践中，留白过多容易"放羊"，学生易产生惰性；留白过少则会造成局限，阻碍学生们的创造力。故要求"科学"留白，提供给学生创新、思考的空间。教学改革实践中，要全面把握学生在求知、做事、合作、做人等方面综合素质和能力的提高，故要求创新补白、实践补白、创业补白、合作补白，并推动学生在补白中探知和成长。在学生的补白活动中，教师不是一个看客，而是一个台前或幕后的导演，教会其方法，激发其潜能，提高其能力与合作精神。

多年来，冯宗宪一直秉持这样的育人理念开展教学改革。他努力以改革促建设，将教学内容、课程体系的改革与教学方法、教学手段相结合，将理论教学与实验教学和校外实践相结合，为学生营造一个自主创新的空间；加快课程体系和教学内容的现代化步伐，推动转变教育观念，创新教育模式，努力提高教学水平和教育质量，取得了重要的教学改革和研究成果。2019年，国际经济与贸易专业获批成为国家级一流本科专业建设点。

创新教学方法：课内课外　实践育人

"留白"之后，更需"补白"。"补白"方法，创新为上。

课内，冯宗宪注重培养学生形成批判性思维和创新思维，采用启发式、探究式、讨论式等教学组织方式，讲授专业核心课程。他不仅将本课程与其他课程相关知识和课堂思政紧密结合，还及时将现实问题吸纳进来，通过小组讨论、分组辩论、群体竞赛等多种方式，让学生更好地融入学习、思考和探究的氛围之中，并提出大国贸易政策博弈实验模拟，将国际贸易理论、政策及谈判、政策效应评价方法综合应用到各种实验环节和实践中，充分反映学科发展前沿，在学生建立创新思维过程中起到了重要的引导作用。

课外，冯宗宪十分注重实践环节。从国际经贸人才培养总体目标出发，他突出国际化、创新性，与"一带一路"发展相适应。他牵头联系建立多个校外大学生和研究生实习基地，搭建具有行业特色、多部门参与建设的国际经贸和应用经济专业社会实践平台，并探索建立学校、用人单位和行业部门共同参与的实践教学学生考核评价机制。其中西安交通大学－国际港务区研究生联合培养基地，2015年被评为陕西省研究生联合培养示范工作站，2019年通过首次建设考核，进入下一个建设周期。

优秀课程建设：教研结合　相得益彰

冯宗宪注重学思结合，因材施教，激发学生的学习兴趣，通过实验模拟和案例，培育学生的主动精神和创造性思维，不断完善中英文授课。作为国际经济与贸易教学团队负责人，他主持建设了2门省级精品资源共享课和1门陕西省精品课程，并建设了国际商务、国际贸易和跨境电子商务等3门线上慕课课程，率领教学团队以精品课程建设为核心，进行了专业教材立体化建设和教学内容及教学方式的一体化改革，结合实验模拟和实践基地教学拓展教学空间，形成了特色鲜明、层次有序和先进实用的纸质系列教材、多媒体、案例库、模拟库一体的立体化教材体系资源库。

冯宗宪注重教研结合，大力开展科研工作。他先后承担了一项国家社会科学基金重大项目、三项国家社会科学基金重点项目，合作主持一项国家杰出青年基金（B类项目），主持多项国家自然科学基金、社会科学基金面上项目和省部级项目。三部著作先后入选《国家哲学社会科学成果文库》、国家"十一五"重点图书和高校社科文库，并获陕西省、教育部、商务部等多项省部级科研成果一、二、三等奖。

学生如白纸，教师掌墨笔丹青，行云流水绕素笺，几笔勾勒似云锦。教书育人，献身教育事业，"情不知所起，却一往而深"。

推动金融理论创新，服务国家与区域经济建设
——西迁新传人交大金融学团队

李成教授一直在高校从事教学与研究工作，作为金融学科带头人，带领金融学团队在教书育人与科学研究中取得了突出成就，打造了一支有影响力的高水平金融学团队。团队围绕金融支持国民经济发展的重大社会经济问题，以金融深化改革和高质量经济增长为焦点，认真研究金融理论和参与金融实践，持续关注国家和陕西经济金融建设，整合国内外与校内外资源，深耕金融理论发展、金融监管制度、

货币政策调控、金融市场发展、商业银行经营、通货膨胀管理等领域，形成了具有金融学术话语权的理论研究和政策研究成果，为国家经济建设和区域经济发展作出了重要贡献。

团队教学与教材建设：遵循规律　不断提升

在谈及团队最突出的特质时，李成教授毫不迟疑地说："敬业。""成功是很难定义的。我的感悟是，一生专注于做精一个领域甚至一件事，就是人生的成功。"兢兢业业的理念一直贯于金融学团队，是团队的名片。

团队积极开展课程体系与教材建设，扎实推进科学研究，取得了出色的成绩。李成教授作为总主编编写出版了高等教育"十一五""十二五"规划金融学系列教材以及面向21世纪高等教育金融学系列教材，《金融学》《金融监管学》《银行会计学》《公司金融学》《商业银行经营学》《金融市场学》《商业银行营销管理学》入选国家级规划教材，先后获得多项省部级奖项。建成了完备的教材体系、习题集、试题库、教学录像等立体化教学资源系统，形成了针对不同专业、不同层次的教学模式。

"万事皆有源，认真思考总结可以找到规律，教学与学科研究同样如此。"李成教授说。知识是不断发展的，有其内在的递进逻辑。团队在编写教材时，非常注重引导学生发现规律，帮助学生更好地理解、应用知识。做到这点，源于团队成员坚持不懈的"兢兢业业"。因为敬业，所以专注，才有见解，才能优秀。

科学研究与社会服务：成果丰硕　奉献社会

建立研究平台、建设智库基地，持续深化金融智库合作，金融学团队通过开展研究工作服务社会经济实践，获得社会广泛认可。

团队带头人李成先后受聘全国金融专业学位研究生教育指导委员会委员、教育部高等院校金融学类教学指导委员会委员、新华社特聘经济专家、中国国际金融学会常务理事学术委员，西安市人民政府参事、西安市决策咨询委员会委员、陕西省金融学会副秘书长等。金融学团队先后获得高等学校科学研究优秀成果奖(人文社会科学)二等奖4项，陕西省哲学社会科学优秀成果一等奖、二等奖8项，中国金融教育发展基金优秀成果一、二等奖8项，陕西省高校人文社科优秀科研成果一等奖多项。研究成果多次获得省部级领导批示，产生了积极的社会经济影响。

团队积极服务陕西经济发展，累计承担陕西省和西安市委托课题研究百余项，为陕西金融体制改革、金融市场发展、金融风险防范提供了持续的金融智力支持；与工商银行、中国银行、交通银行、华夏银行、浦发银行等多家股份制商业银行建立了校企合作基地，打造了证券、期货、外汇模拟交易实验室和商业银行业务模拟实验室，培养了一批国内金融机构高级管理人才，一批扎根中西部的地方金融人才，为西部大开发和"一带一路"倡议作出了重要贡献。

团队建设与人才培养：桃李不言　下自成蹊

李成教授对培养人才有独特的认识，"培养金融学拔尖人才，需要内因与外因双重条件。本科生培养重点是扎实的基础知识和良好的学习习惯，硕士生培养的重点是独立的思维方式和解析难题的逻辑，博士生重在学科探索兴趣和科研创新能力。""学生要勤奋好学，老师要因材施教，才能结出硕果。社会实践很重要，要对中国现实有较为深刻的透视能力，才能在学术上可持续成长。"

团队形成了阶梯年龄结构，是具有传帮带优秀传统的学术群体，在国内顶尖学术期刊《中国社会科学》《经济研究》《管理世界》发表了有影响的学术成果，在国际SSCI期刊发表了一批论文，在CSSCI期刊发表了大量论文，影响力不断提高。二级教授李富有博导老骥伏枥垂范表率，年年超额完成教学工作量，连续主持两项国家社会科学基金重大项目和一项重点项目；中年教授沈悦、崔建军、薛宏刚主持多项国家级课题，发表大量科研成果，在教学一线勤奋耕耘；副教授何建奎、程婵娟、闵绥艳、王国林、杨丽荣、王政霞、谷慎、陶玲琴、袁静文、李江等全身心投入教学和教研工作，一丝不苟无怨无悔，教学效果非常突出，多位教师被评为"我最喜爱的老师"和"最受欢迎的导师"。特别是一批年轻学者已成长为教学和学术中坚力量，关注度越来越高。青年博导侯晓辉、李倩、马草原、马文涛、程茂勇、高蓓等在金融机构公司治理研究、行为金融研究、货币政策研究、通货膨胀研究、金融效率研究和影子银行研究等领域，取得公认的突出成果，成为金融学术界的新星。

李成教授自称"低调园丁"。他在教学研究中总结出了引导学生尽早进入学术研究前沿的培养逻辑和训练方法，为每个研究生建立了学术成长档案，"把学生成长装在心里，循循善诱循序渐进"，取得了很好的效果。李成教授尤为注意培养青年教师，持续跟踪他们的成长。"园丁要常给小树修剪枝叶，小树才能长成大树。"在他的带领下，团队取得了一系列优秀的教学与研究成果。

第二节　以奋斗为成事之基

只有奋斗的人生才称得上幸福的人生。奋斗是艰辛的，艰难困苦，玉汝于成。新时代是奋斗者的时代，奋斗者是精神最为富足的人，也是最懂得幸福、最享受幸福的人。青年人一定要有"苟利国家生死以，岂因祸福避趋之"的爱国担当，要以"为有牺牲多壮志，敢教日月换新天"的奋斗精神为祖国建设添砖加瓦。本节内容带领我们一起去了解那些热血奋斗的青春故事。

汪应洛：教学科研两相长　科学管理铸强国

"我来自上海，在陕西生活工作了55年。刚从事教育工作时，一没经费、二没设备，几乎没有条件实现梦想。但是我始终没有放弃最初的梦想，孜孜追求！每个人心中都有一个梦想，有了梦就不能轻言放弃。"中国工程院院士汪应洛曾在83岁高龄时在网上写了一篇文章，他在文章开头这样写道。

科技报国　与时俱进

1957年，党中央、国务院发出支援西部的号召，交通大学几千名师生员工，离开黄浦江畔，告别故乡亲友，浩浩荡荡地登上西行的专列，来到位于渭河之滨的古城西安。

当时，毕业不久的年轻硕士汪应洛就在那西迁的大军里。自此以后的50多年，他的生命便与中国的管理工程教育和研究紧紧地连在一起，在科学与教育的原野里，汪应洛始终站在学科发展的前沿，为我国管理工程、系统工程和工业工程学科的发展及相互融合做着大量系统的、开创性的工作，并将其理论与方法综合应用于工程管理和社会经济问题之中。

作为我国管理科学与工程领域的开拓者，早在1980年，汪应洛就将战略决策理论的研究应用到区域经济发展战略中，提出并完成了利用系统工程理论和方法建立区域经济发展战略模型体系。他参加了由国务院组织的山西省能源重化工基地发展战略研究，为建立山西省长远规划提供了科学依据。尔后他作为首席专家，主持了陕西省经济、科技、社会智能决策支持系统的研制，推动系统工程在我国的应用和发展。

　　汪应洛还是我国教育系统工程的创建者之一。1982年，他受国家教委委托，组织研究全国教育规划，提出并建立了教育规划模型，编制了全国和省（区）级应用软件，此项成果获国家教委科技进步二等奖；1983年，汪应洛接受了全国人才规划研究的任务，他提出的人才规划系统分析方法被国务院采纳，并协助组织全国80个部委和单位研究制定全国人才规划，于1985年建立了全国人才数据库。

　　1984年，汪应洛作为长江三峡重大科学技术研究专家组成员，负责研究长江三峡工程综合效益评价和国民经济评价理论和方法、长江三峡决策和分析支持系统研究，获国家教委科技进步一等奖。1991年汪应洛受国家科委、水利部和能源部的委托，对当时尚有争论的三峡大坝坝高及工程投资等进行系统分析和科学论证，并在实际中应用。1995年，他提出基于计算机智能化的战略决策方法和支持工具，完成了宜昌地区城区供配电设计管理计算机智能决策支持系统、智能决策支持系统及信息处理研究，这两项研究成果分获国家教委科技进步一、二等奖。

　　汪应洛在高技术产业化过程和机制、可持续发展战略研究等方面也取得了显著成果。1995年他主持了国家"863"高技术产业化过程和机制研究。通过大量案例分析，针对高技术产业化中产权成果归属、实现产业化途径及机制等关键问题，提出高技术产业化需符合竞争、合作等市场经济规律的具体建议，对我国高技术发展战略的调整和完善起到积极促进作用，获国家科技进步二等奖。

　　1998年至今，针对骤变环境下不确定程度高的特点，汪应洛依据战略过程"系统稳定源"特征提出了被国际上认为是"跨世纪战略管理研究与实践前沿"的企业柔性战略概念和以战略转换为纽带实现战略一体化的观点，使企业在不确定环境下，保持战略行为的灵活性、博弈性和有效性。1999年，汪应洛与英国伦敦商学院合作，对600多家国内外企业进行了大样本的调研和实证分析，验证了其可行性，并在国内海信、彩虹等企业得到应用。他提出的"精简、灵捷、柔性"生产系统概念和"灵捷网络化制造模式"理论和方法也一并在实施之中。

教育兴国　诲人不倦

1984年，在汪应洛的积极奔走和倡议下，西安交通大学管理学院在原管理工程系的基础上重新建立。他苦心经营，广泛培养和网罗人才，充分发挥人才的作用。经过一代又一代人的努力，如今的西安交大管理学院在国内外享有盛誉，拥有一流的师资力量和教学研究环境，他们正在努力把管理学院建成国内一流、国际知名的管理教育教学基地、创新研究基地和咨询服务基地。

60多年的科教生涯，汪教授结下了累累硕果——他是我国管理工程学科首批博士生导师和博士后导师，在国内最早提出从有工程实践经验的人员中培养高级管理人才、双学位人才。他先后主持和参加了十余项国家重大科研项目，著书22部，出版教材8部，发表优秀学术论文300余篇，获国家级、省级科技进步奖9项，获国家级、省级教学成果奖3项，为国家培养了一大批高级科技人才和管理人才，被国家授予"全国高校先进科技工作者"称号。他的学生像盛开的桃李之花，开遍祖国的大江南北，开遍世界各地。

现在，先生虽已年过九旬，但考虑最多的依然是如何为国家建设培养更多的高级管理人才，特别是管理学科的学术带头人和优秀企业家。在教导学生时尽量创造一切条件和机会，把学生推向广阔的社会实践。他利用自己的社会交往和学术地位，极力推荐学生到国内外知名研究中心，广泛接触专家，增强实践和社会交往能力。

汪应洛教授的一段话让人难以忘怀，"我是新中国培养出来的第一批大学生，我深深地爱着我的祖国。我这一辈子最钟情的是科研教育事业。我按着我的愿望走，一边搞科研，一边带学生，这条路我走着心里很踏实。能为国家多培养些人才，看着他们在各自领域发挥出来的作用，我感到非常欣慰！所以，我还会这样走下去！"

疫不退　誓不还
——西迁新传人西安交大援鄂医疗队

"疫不退，誓不还！"这是所有援鄂医疗队员的铿锵誓言。

2020年春节前夕，新冠肺炎疫情突如其来。危难关头，西安交通大学第一附属医院、第二附属医院援鄂医疗队先后派出五批援鄂医疗队共297名医疗工作者出征武汉，他们之中既有高年资的专家教授，也有入职不久的住院医师；既有率先垂范的党支部书记，也有刚刚入党的新党员；夫妻亦战友、并肩战疫情，有26对奋战在抗疫一线的白衣天使夫妻档。他们不放弃任何一次生的希望，一手抓疫情，一手抓医教研工作，抗疫期间自主立项130余个科研项目，助力各个区域的疫情防控，发挥西迁新传人的力量。

疫情肆虐，八方驰援，有着这样的"青春"力量：一声声"我报名""我参加"，一个个白衣"逆行"的身影，一支支火速成立的青年应急先锋队，共同汇聚成防疫抗疫的坚定决心和实际行动。交大二附院党委书记巩守平在出征致辞中说："今天我们所做的一定是伟大光荣的事，不管是男子汉还是'女汉子'，都是好汉子！好汉子就要从大局着想，就要为国家作贡献！"

"当前国家有难、人民有难，为更多患者撑起生命的保护伞，是我们医务工作者的责任和使命。"西安交大一附院呼吸与危重症医学科护理师陈萍说。这是交大医者在武汉抗疫一线写下的坚定承诺。

"我的心里一直有个声音在告诉我，哪里需要我，我就要冲锋在前，到国家和人民需要我的地方去。"交大一附院肝胆外科ICU护士薛玉龙说。他是一名有着8年党龄的青年党员，当得知武汉疫情告急，医院通知组建援鄂医疗队时，薛玉龙第一时间主动向组织报名，成为医院第一批援武汉医疗队成员。

除夕夜告别家人，驰援武汉，放弃休假，返岗工作……生活在抗疫中继续，援鄂医疗队的成员们并肩奋斗，守望相助，鼓劲加油。50多个日日夜夜，每天工作十几个小时和病毒搏斗，收治217名确诊病例，救治95名重症患者，既展现了专业能力，也践行了医务工作者的初心和使命。

在这场特殊的战斗中，参与其中并为战斗胜利贡献自己的一份力量，是每一位医护工作者的心声。他们以自己的实际行动，践行着"除人类之病痛，助健康之完美，维护医术的圣洁和荣誉，救死扶伤，不辞艰辛，执着追求，为祖国医药卫生事业的发展和人类身心健康奋斗终生"的医者誓言。正如西安交大一附院院长、支援武汉医疗队队长施秉银所言，把挽救患者生命作为头等大事，不破楼兰誓不还！

国有难，召必至。疫情就是命令，白衣就是战袍。用生命守护生命，用希望点亮希望。奋斗是青春的底色，行动是最好的传承。西安交通大学援鄂医疗队大力弘扬西迁精神，白衣执甲、逆行出征，在抗疫一线书写新时代"西迁人"的奉献与担当。

第三节　到祖国最需要的地方去

习近平总书记2018年在全国教育大会上指出："我国是中国共产党领导的社会主义国家，这就决定了我们的教育必须把培养社会主义建设者和接班人作为根本任务，培养一代又一代拥护中国共产党领导和我国社会主义制度、立志为中国特色社会主义奋斗终身的有用人才。"西安交大高度重视人才培养，将立德树人作为人才培养的根本，用西迁精神教育熏陶学生，组织学生深入开展社会实践，一大批毕业生到祖国最需要的地方建功立业，让青春之花绽放在祖国最需要的地方。

姚熹：无限风光在险峰

姚熹自1958年迁校来到西安，在西安交大已经工作了60多年。已是耄耋之年的姚熹早已将西北大地看成自己的第二故乡，从意气风发的青年成长为满头白发的院士，多少风和雨，都在笑谈中。

"国家不发展，哪里有我的机会。我只是在国家最需要的时候，在学术上起到了承前启后的作用。"姚熹在回顾自己的学术生涯时谦逊地说。姚熹于1985年开始筹建电子材料研究实验室。实验室于1988年被国家教委和国家计委批准为国家专业实验室，并被选定为全国重点学科发展计划的七个试点实验室之一，姚熹教授担任实验室主任。作为此领域的领军人，对本行业的发展有着很强的忧患意识和危机感。他认为，材料科学正在从经验走向科学，其科学性有待大大提高，要认真考虑如何与时俱进来发展电子陶瓷。

在著名的美国宾夕法尼亚州立大学，有这样一条规定：所有的国际留学生参加入学考试时，必须要考查除母语之外的两门外语。直到1979年，它为了一个中国人改变了规则。

那是1979年底，姚熹带着自己编写的60万字的《无机电介质》来到了宾大材料研究所，研究所的专家和老师全都为之惊叹不已，非常想让姚熹留下来从事电介质材料的研究。但是姚熹的外语底子相对薄弱，为此，学校专门为姚熹改变了规则：中文可以成为学校承认的留学生入学考试外语种类。就这样，中文成为留学生考取宾大的一项重要科目，而姚熹成为之后很长一段时间学校中文考试的出题人。

姚熹自20世纪50年代末就在西安交大开始了铁电陶瓷的研究工

作，是我国在铁电陶瓷研究方面的主要奠基人之一，并被国内外同行看作我国在这一领域的学术带头人和代表。1960年至1965年，姚熹与苏美科学家大体同步地研究了钛酸锶铋陶瓷的介电行为与极化弛豫现象，提出了铁电现象可能与晶体中的缺陷和离子型极化弛豫有关。

1982年，姚熹在美国做博士后研究时，从司空见惯的介电温谱的细微变化中发现了一种新的反常弥散，提出了在化学组成复杂的铁电体中存在着线度为数十纳米的极性微畴，这种微畴在偏置电场作用下可以通过热激活转变为通常的铁电畴，并将这种转变称之为"微畴-宏畴转变"。他也因此广受关注，被称赞为"最富有创造性的、极其勤奋的学者"。他用一年零十个月的时间取得宾西法尼亚州立大学固态科学博士学位，成为该校获此专业学位用时最短的一位学生，也是改革开放以来第一位在美国获得博士学位的中国学者。

1985年，他因所发现的晶粒压电共振现象，获得美国陶瓷学会的Ross Coffin Purdy 奖。1991年，他当选为中国科学院院士，后来又当选为美国工程院外籍院士。

经过几十年的研究，姚熹团队还建立了弛豫铁电体微畴动力学的"新玻璃模型"，突破了描述弛豫铁电体微畴冻结行为的玻璃模型的局限，发展出适用于多种介质类型的弛豫极化统一模型，使得"新玻璃模型"成为可定量描述弛豫铁电体扩散相变动力过程的统一模型。同时，基于"微畴-宏畴"的理论思想，团队发现了弛豫铁电单晶/陶瓷材料高性能化的物理机制，提出了调控畴尺寸提高压电性能的方法，为大幅度提高单晶陶瓷材料及器件性能，拓宽使用温度范围开辟了新思路。西安交通大学国际电介质中心也因此成为国内外少数几个能够生长高性能弛豫铁电单晶的单位之一。其研发的单晶材料的压电性能比压电陶瓷高4～6倍，已经成功应用于国防尖端装备。

国家"七五""八五"和"九五"期间，他主持了多项国家自然科学基金重大项目和重点项目，担任了国家高技术新材料研究计划（"863"计划）专家委员会委员和无机功能材料方面的责任专家，主持了多项有关项目，发表学术论文550余篇，获准专利十余项。

在他心里，西安交大永远都是自己放不下的家，这里有自己的青春，有自己最美好的回忆。姚熹团队及西安交大人，继往开来，坚持面向世界科技前沿、面向国家重大要求、面向国民经济主战场，正走在追寻高等教育事业发展的强国之梦的路上。

脱贫攻坚路上绽放西迁精神

2020年是决战决胜脱贫攻坚的收官之年，在脱贫攻坚的战场上，一批交大人在学校承担扶贫任务的云南省施甸县、陇川县，以及陕西省平利县、横山区、柞水县等贫困县，传承西迁精神，以自己的贡献推进脱贫攻坚工作。

党的十八大以来，西安交通大学坚决贯彻中央精准扶贫精准脱贫方略，精准聚焦帮扶县脱贫攻坚和经济社会发展需求，精准匹配学校优势资源，精挑细选扶贫干部，精心设置扶贫项目，圆满完成扶贫开发工作目标，促进了贫困地区经济发展、政治稳定、文化繁荣、社会和谐。

用心用情去帮扶

2013年以来西安交通大学累计向帮扶县派出扶贫干部110余人次，他们在做好疫情防控的同时要保证复工复产和劳动力外出务工顺利推进；在巩固脱贫成果的同时要瞄准乡村振兴，主动谋划下一步工作。有的干部已快到达退休年龄，但依然主动申请去一线参与扶贫；有的干部无法照顾年幼的孩子和年迈的双亲，却把精力投入帮扶村的家家户户。

2020年新冠肺炎疫情暴发后，在平利县驻村的12名工作队员放弃春节休假，第一时间返回工作岗位，投身抗疫战斗。荣获安康市脱贫攻坚"交友帮扶先进个人"称号的第一书记辛华已驻村4年，通过一户户走访"号脉"，一家家真情帮扶，解决了扶贫路上的各种"疑难杂症"，全村人均年收入已提高到7000余元。施甸县挂职副县长张书红到岗3个月便走遍了全县13个乡镇，两年来，施甸的干部群众已经熟悉了这位从"远地方"来的副县长，亲切地称她为"张大姐"。

广大扶贫干部舍小家为大家，扎根一线倾情付出，无愧于自己交大人的身份，无愧于扶贫干部的角色，不辜负贫困地区群众的期望，赢得了当地干部群众的认可。他们从大城市到小山村，从熟悉的岗位到陌生的环境，将汗水挥洒在贫困地区的村村户户，他们就是新时代西迁精神的新传人。

专家学者齐献力

在脱贫攻坚的战场上，西安交通大学的专家学者们作出了自己的贡献。西安交通大学能动学院教授高忠权牵头在陕西平利县、云南施甸县建立固废热解气化产学研一体化示范项目研习基地，设计生活垃圾资源化生态利用工艺路线，建设光伏发电场，实现自然环境保护、人居环境改善、精准扶贫一体推进。

2019年，西安交通大学选派3位业务水平高、管理能力强的医疗专家任施甸县医院院长、副院长，建立挂职专家长期支医、特聘专家"候鸟式"支医相结合的医疗专家团队，为县医院带去先进管理经验，提高医院管理水平，3位专家更是在大年三十返回施甸，部署疫情防控工作。几年来，大批教授主动参与扶贫工作，为贫困县的干部群众转思想、谋发展，授技术、讲方法，真正贡献了交大人的智慧力量。

脚步丈量爱国情

春茶采摘期，在陕西省平利县，西安交大扶贫博士团和当地对接落地富硒散茯茶专利项目，从2017年起，西安交大通过博士"组团式"扶贫，以科技助力当地发展。

自2014年起，西安交通大学先后派驻28名毕业生参与施甸县中学的支教，研究生支教团成为西安交大助力施甸脱贫攻坚工作中的重要力量。学校在帮扶县建立"三下乡"活动基地，结合地方需求，组织青年学子利用寒暑假深入学校、乡镇、农村，通过理论普及宣讲、国情社情观察、基层集中支教等形式，开展社会实践活动，为当地青少年开展课业辅导，丰富他们的文化生活，对当地青少年进行心理和生活的辅导教育。

学有所思 ▶▶

学习先进事迹、弘扬奋斗精神、培育时代新人。通过这一节的学习，我们对西迁精神新传人有了一定了解，在他们的身上我们能学到什么样的品质呢？作为新时代的青年学子，应该如何树立自己的理想并实现它呢？

研学活动 ▶▶

观看中央电视台《礼赞最美奋斗者》节目，了解以这些人代表的无数奋斗者在平凡岗位上创造非凡业绩，脚踏实地、扎根基层的精神，争做新时代西迁精神新传人。